D.R. © Pedro Friedeberg. *Pirámides*, 2019.

Ensayo

José Agustín (Acapulco, 1944) es narrador, dramaturgo, ensayista y guionista. Entre sus obras destacan *La tumba* (1964), *De perfil* (1966), *Inventando que sueño* (1968), *Se está haciendo tarde (final en laguna)* (1973), *El rey se acerca a su templo* (1976), *Ciudades desiertas* (1984), *Cerca del fuego* (1986), *La miel derramada* (1992), *La panza del Tepozteco* (1993), *La contracultura en México* (1996), *Vuelo sobre las profundidades* (2008), *Vida con mi viuda* (2004), *Armablanca* (2006), *Diario de brigadista* (2010) y la serie *Tragicomedia mexicana* (2013). Ha recibido, entre otros, el Premio de Narrativa Colima, el Premio Mazatlán de Literatura y el Premio Nacional de Ciencias y Artes en el área de Lingüística y Literatura.

José Agustín

La contracultura en México

La historia y el significado de los rebeldes
sin causa, los jipitecas, los punks y las bandas

Prólogo de
Carlos Eduardo Martínez Rentería
Epílogo de
Ariel Rosales

DEBOLS!LLO

El papel utilizado para la impresión de este libro ha sido fabricado a partir de madera procedente de bosques y plantaciones gestionadas con los más altos estándares ambientales, garantizando una explotación de los recursos sostenible con el medio ambiente y beneficiosa para las personas.

Penguin
Random House
Grupo Editorial

La contracultura en México
*La historia y el significado de los rebeldes
sin causa, los jipitecas, los punks y las bandas*

Cuarta edición: febrero, 2023

D. R. © 1996, José Agustín Ramírez

D. R. © 2023, derechos de edición mundiales en lengua castellana:
Penguin Random House Grupo Editorial, S. A. de C. V.
Blvd. Miguel de Cervantes Saavedra núm. 301, 1er piso,
colonia Granada, alcaldía Miguel Hidalgo, C. P. 11520,
Ciudad de México

penguinlibros.com

D. R. © 2016, Carlos Eduardo Martínez Rentería, por el prólogo

D. R. © 2017, Ariel Rosales, por el epílogo

D. R. © por la obra gráfica de portada, Pedro Friedeberg, *Pirámides,* 2019

Penguin Random House/ Paola García Moreno, por el diseño de colección

ISBN: 978-607-382-413-2

Impreso en México – *Printed in Mexico*

¿Cómo se concibe un libro de resistencia,
un libro de verdad en un imperio de falsedad,
un libro de rectitud en un imperio de mentiras viciadas?
¿Cómo hacer esto cuando se está frente al enemigo?
¿Es posible que la libertad y la independencia
se alcen de nuevas maneras bajo nuevas condiciones?
Esto es, ¿las nuevas Uranias abolirán estas protestas?
¿O habrá nuevas respuestas del espíritu
que no podemos anticipar?

PHILIP K. DICK
Only apparently real, 1974

Índice

Después de 21 años,
La contracultura en México,
"sin embargo se mueve…"

Por *Carlos Martínez Rentería*

Parece que fue hace unos días cuando se presentó el libro *La contracultura en México* (noviembre de 1996), en el Foro Alicia, pues la esencia simbólica que nos convocó en esa ocasión sigue tan vigente como entonces, en primer lugar por la amistad con el maese José Agustín y en segundo por la complicidad de ser renegados ante la cultura institucional. Aquella noche compartimos la mesa con el autor de este volumen lleno de salvajes historias de rebeldía, ingenuidad, incorrección, desmadre, lucidez, arte, literatura, drogas, punks, darketos, jipitecas, cholos, chavos banda, sexo y rockanroll. Pero sobre todo reivindicando la dignidad de no estar

de acuerdo con "el poder" y la vigencia de esa entele-
quia que se llama "contracultura".

El poeta Sergio Mondragón (quien acompañó a
José Agustín en aquella mesa, además de Juan Tovar y quien esto escribe) recuerda así la presentación
de *La contracultura en México*: "Fue al caer la noche,
cuando presentamos la primera edición de este libro
en la catedral del grafitti, aquel acogedor antro cuasi
hoyo fonqui llamado Foro Alicia de la avenida Cuauhtémoc de la ciudad de México, atestado en esa ocasión
de chavos lumpen y clase media además de uno que
otro representante de la momiza alivianada, todos con
nuestra chela en la mano y todos lectores y fans de
José Agustín, con la tocada de rock pesado a cargo
de Los Esquizitos, el AK-47, Fausto Arrellín y La Ca-
merata Rupestre".

Este comentario del fundador de *El corno emplumado*, emblemática revista bilingüe de finales de los años
sesenta, fue escrito para el libro conmemorativo por los
10 años de *La contracultura en México*, publicado por
la revista *Generación* y el Congreso de Contracultura
(celebrado por el campus Lagos de Moreno de la Universidad de Guadalajara) en noviembre de 2006.

En ese mismo texto, Mondragón hace esta conclusión del mencionado libro: "Los variados protagonistas de la contracultura se proponen, sabiéndolo o no,
con sus actitudes, sus canciones y sus poemas, llevar

adelante el viejo sueño de Rimbaud, lanzado como profecía hace más de un siglo, 'cambiar al hombre, transformar la sociedad'. Y una persistencia de la contracultura: las últimas frases de este rico ensayo están escritas en tiempo pasado, aunque se esté hablando de los días actuales y de lo que somos como sociedad en este momento, lo que le da al libro una culminación apocalíptica, un tono profético y una hondura que nos hace recordar a Ismael, el cronista del naufragio que es la novela *Moby Dick* y la insensata y frenética persecución que allí se narra de la ballena blanca, misma que, como dice su protagonista y que podemos igualmente aplicar a la contracultura, ésta no es otra cosa que una metáfora "de lo que es en nosotros eterno".

Por mi parte, creo que son dos los aciertos que considero trascendentales de José Agustín (además de su siempre ágil prosa); por un lado su argumentación del porqué ubica a los pachucos como el punto de partida de la contracultura mexicana. Anota José Agustín: "El de los pachucos fue un fenómeno contracultural en varios aspectos: lo protagonizó gente joven y propuso un atuendo, caló, música y baile que lo identificaba. Repudió al sistema porque éste a su vez lo rechazaba, pero el nivel de conciencia de la rebelión era casi nulo y con gusto los pachucos se hubieran integrado al sistema de haber podido. Éste, sin embargo, se cerró para ellos y los reprimió lo más que pudo. Se trató de una rebelión instintiva, visceral, primitiva, aunque claro, encontró grandes incomprensiones".

Y por otro lado, José Agustín tuvo la certeza de que la contracultura no fue sólo una época perdida en el pasado sino que su vigencia llega hasta nuestros días como una presencia siempre renovada y combativa: "por lo general, se tiende a relacionar a la contracultura con los movimientos de rebeldía juvenil de los años sesenta, quizá porque al sistema le gustaría restringir ese tipo de acontecimientos a un área específica del tiempo. Eso ocurrió una vez y nada más. Mientras más rápido lo olvidemos, mejor. Sin embargo, es evidente que las manifestaciones contraculturales se pueden rastrear desde mucho tiempo antes de los sesenta y continúan después en México y en numerosas partes del mundo".

Y en otro párrafo preconiza: "A mediados de los noventa la contracultura en México había persistido casi cincuenta años, y todo indicaba que en el futuro inmediato, los inicios del nuevo milenio, continuaría presente...". Y así ha sido.

También la apasionada y lúdica definición de contracultura es una invitación para clavarse en el tema y convertirse en un incondicional adepto de ella, como me ocurrió a mí. Escribe José Agustín: "En la contracultura el rechazo a la cultura institucional no se da a través de militancia política, ni de doctrinas ideológicas, sino que, muchas veces se da de una manera inconsciente, mostrando una profunda insatisfacción. Hay algo que no permite una realización plena. Algo, que anda muy mal, no deja ser. Eso es lo que expresa la canción "Satisfaction" de los Rolling Stones, que no por nada es un cuasi-himno en la contracultura y en la que por una cosa o la otra no se puede estar satisfecho".

Con respecto a lo anterior, el científico Timothy Leary escribió lo siguiente en el prólogo al libro *La contracultura a través de los tiempos* (Anagrama), de Ken Goffman: "El objetivo de la contracultura es el poder de las ideas, de las imágenes y de la expresión artística, no la adquisición de poder político personal. Así, los partidos políticos minoritarios, alternativos y radicales no son contraculturales en sí mismos".

Cuatro años después de la aparición del libro *La contracultura en México*, la revista *Generación* dedica un número especial a este tema, retomando la estafeta que sugiere José Agustín en su libro para continuar investigando y polemizando al respecto. En este número se incluyó el texto "Mis viajes por la contracultura", en el que José Agustín reitera esta aclaración: "Por supuesto, yo no me siento el rey del underground, ni el padre de la contracultura, ni el mero cabezón de la Onda, ni nada por el estilo. Ésas son puras mamadas", y sintetiza así la intención fundamental de *La contracultura en México*: "En realidad, es una invitación a reflexionar en el tema de la contracultura. No ignoro que existen otros puntos de vista al respecto y discutirlos serviría para afinar los conceptos, definir los linderos y considerar los temas centrales. También se podría considerar, quiénes sí y quiénes no han participado en la contracultura, y en qué nivel, lo cual sería definirla y, por supuesto, habría que seguir reflexionando sobre la incidencia que estos fenómenos han tenido en los procesos sociales y en la conformación de la naturaleza de la sociedad civil mexicana. Eso sí, estoy convencido de que, queriéndolo o no, la contracultura en México ha dejado efectos visibles, que tienen significativos rasgos nacionales, y una definitiva connotación política".

En el año de 2002 estuvo en México el poeta y editor de la generación *beat* Lawrence Ferlinghetti y un año después bajo el sello de Generación se publicó el libro *La noche mexicana* en el que el fundador de la librería City Lights cuenta sus experiencias durante varios viajes realizados a finales de los cincuenta y durante los sesenta en México. Al respecto José Agustín publica en el periódico *Reforma* un texto intitulado "Los *beats* y la noche mexicana" (2004) en el que vierte con entusiasmo su admiración por esta incorrecta generación de poetas norteamericanos y hace una reseña del mencionado libro de Ferlinghetti. Recuerdo que ese mismo año José Agustín y yo fuimos invitados a la ciudad de Pachuca para presentar el libro *La noche mexicana*, durante la comida nos emborrachamos y poco antes de la concurrida presentación nos metimos unas rayas de polvo blanco. Esa noche confirmé cómo la vocación contracultural del maestro seguía más vital que nunca.

En aquel texto que escribió José Agustín sobre la generación *beat* se advierte el profundo conocimiento que tiene sobre ese puñado de gringos renegados, al respecto de *La noche mexicana* escribe: "Es el primer libro que se edita en México de Lawrence Ferlinghetti, así es que urge que se publique su obra, empezando con *A Coney Island of the Mind*, que es un gran poema del siglo xx. Es lo menos que podemos hacer para corresponder a este poeta que, como Burroughs, Ginsberg y Kerouac, le ha tenido un amor especial a México y ha visto en nuestro país un poder, vital y espiritual, muy profundo, que nosotros nomás no percibimos".

Siguiendo con esta cronología contraculturosa, en noviembre del 2006 se organizó un reconocimiento a José Agustín en el marco del IV Congreso de Contracultura que se celebró en la ciudad de Lagos de Moreno, Jalisco. El rector del Centro Universitario de Los Lagos de la UDG, Roberto Castelán y yo fuimos personalmente a invitar a José Agustín a su homenaje, le llevamos un postre de cortesía. El plato fuerte fue la publicación de un libro en el que colaboraron varios maestros: Juan Villoro, Sergio Mondragón, Alberto Blanco, Heriberto Yépez, Ricardo Castillo, Andrés Ramírez, Rafael Saavedra, Gerardo Estrada, Jesús Ramírez Bermúdez,

Sergio Tovilla, Benjamín Anaya y Fausto Arrellín. La portada es un retrato de José Agustín realizado por su hermano Augusto Ramírez e intervenida por su hijo Agustín, quien lo transforma en un punk con todo y cresta. El homenaje consistió en un ciclo de mesas redondas en donde participaron varios de los colaboradores del mencionado libro. Me acuerdo que previo a la inauguración nos encerramos en el baño con nuestro querido amigo tijuanense ya fallecido Rafa Saavedra, José Agustín y yo para compartir un postre.

El esfuerzo editorial más significativo que hasta el momento se ha realizado para dar continuidad al trabajo convocado por José Agustín en su libro *La contracultura en México* ha sido la publicación de la antología *La cresta de la ola. Reinvenciones y digresiones de la contracultura en México*, publicado en noviembre de 2009, con motivo del 21 Aniversario de la revista *Generación*. Se trata de un recuento de experiencias contraculturales que incluyen artes visuales, música, literatura, tribus urbanas y drogas, incluyendo las principales experiencias ocurridas justo a partir de los años noventa, cuando José Agustín decide "pasar la estafeta" para que otros continuaran registrando el fenómeno contracultural hasta la primera década del siglo XXI. Pero habría que decir, que siguiendo la lógica sin tiempo de la contra…, incluso al momento de redactar estas líneas seguramente alguien estará reinventando una vez más el sinuoso camino de lo incorrecto.

Entre estas nuevas expresiones que reivindican las experiencias más contemporáneas del ser contracultural se deben incluir manifestaciones vinculadas con el espacio cibernético, nuevas tecnologías, híbridos interdisciplinarios, fusiones tribales que derivan de los ya cuarentones movimientos punks y darks, así como los intentos o pretensiones de crear una nueva manera de hacer poesía, algunos ejemplos de estos "nuevos poetas", casi todos veinteañeros, serían: Víctor Ibarra Calavera, la llamada Red de los poetas salvajes, Ashauri López, el colectivo "Bala fría", el colectivo feminista "Las hilanderas" y Sirako y el fanzine *Licuado mental*.

En el terreno de la música sólo mencionaremos dos ejemplos recientes de antologías que pretenden reunir experiencias alternativas, más allá de cualquier tendencia comercial: el álbum de aniversario por los 10 años del espacio El Real Under, que incluye bandas y Dj's insertos en tendencias musicales que van del Post Punk, Gothic Rock, Hard Electro, Horror Rock, Futurepop, High Energy, Synth Rock y demás fusiones.

Otro ejemplo significativo es el fanzine y CD realizado por la Dj y aguerrida militante feminista, fundadora de bandas como Las Ultrasónicas y Las Cumbia Queers, Ali Gardoki, mejor conocida como Ali Gua Gua, quien rinde tributo a la banda rockera de los años ochenta Size, con la complicidad de una docena de agrupaciones de música independiente.

En artes visuales la lista es larga, sólo mencionamos a los pintores *outsiders* Felipe Posadas, Alonso Guardado y Agustín Ramírez, los maestros Daniel Lezama y Daniel Guzmán con su reciente exposición *Soup, cosmos y Tears*, en el Museo Universitario del Chopo, y la joven artista de intensidades blasfemas Triana Parera; así como el documentalista Gustavo Gamou.

En la primavera de este 2016, visité a José Agustín en su casa de Cuautla para conversar en torno a la mariguana y su cada vez más próxima despenalización. Una vez más, con unas chelas de por medio, confirmamos la irreverencia e inquebrantable vocación contracultural de José Agustín, aun ante los más adversos pronósticos. Aquí los fragmentos finales de aquella conversación publicada en el número 7 de la revista *Cáñamo*:

—¿Cómo ves el panorama actual de la mariguana en México?

—Va mejorando, pero sigue de la chingada. Aún es ilegal.

—¿Qué opinas del movimiento por la despenalización de mariguana?

—Me parece muy bien, ya era hora. Hace 40 años hubiera estado muy bien que esto ocurriera, no me hubiera ido yo a la cárcel.

—¿Cómo ves tú un mundo de mariguana legal?

—Yo creo que ciertamente implicaría más madurez de la sociedad en general y mayor ejercicio de las libertades. Todo eso sería muy benéfico.

—¿Cuál sería la reflexión de un escritor, un artista, un hombre exitoso, reconocido ante este panorama de descalificación hacia los consumidores?

—En verdad creo en la libertad y si la gente lo que quiere es atascarse con drogas, pues adelante, que lo haga mano. Entonces todos los movimientos legales para propiciar esto me parecen muy buenos.

—¿Una reflexión final?

—Yo nomás tengo 40 años consumiendo mota y nunca se me ha hecho vicio.

Como conclusión de este rápido recuento de veintiún años de *La contracultura en México*, es importante advertir que le debemos a José Agustín la vigencia del concepto contracultura más allá de las descalificaciones oficialistas y pragmáticas, también la posibilidad de un debate desprejuiciado y contemporáneo ocurre gracias a la perspectiva de intemporalidad que plantea el autor de *La tumba* en este libro que ahora se reedita en la versión conmemorativa que aquí nos convoca. De hecho, si José Agustín no hubiera escrito este libro, el debate en torno a lo contracultural habría muerto.

Han transcurrido veintiún años de *La contracultura en México*, su legado sigue vivito y coleando y el maestro José Agustín sí es el "cabezón" de la contracultura.

La contracultura va…

Prólogo

Este libro surgió de cuatro sesiones sobre contracultura que di en 1989 en la Casa de la Cultura de Coyoacán. Era la primera vez que en México se ofrecía un curso de este tipo y éste tuvo un éxito fuera de lo normal, lo que me hizo comprender que existía una auténtica necesidad de tener información objetiva, ordenada, y reflexiones pertinentes sobre la contracultura en México. Al preparar los materiales me di cuenta también de que lo más que podía hacer era cubrir el tema panorámicamente, sin detallar mucho en ciertas áreas, porque la amplitud del tema no lo permitía o porque no disponía de información suficiente. Fue entonces cuando se me ocurrió escribir este libro para tratar de cubrir un vacío sobre algo importante que requería una atención mucho mayor de la que se le había dado en México.

Con el paso del tiempo fui reuniendo los materiales que me hacían falta y además repetí el curso dos veces más (en el Museo del Pueblo de Guanajuato y en los talleres de El Molino, en Eronguarícuaro, Michoacán), sólo que de una forma aún más sintetizada. Repetir el curso me permitió mejorarlo y, sobre todo, decidir que el libro tendría que ser una fusión de crónica y ensayo, con un estilo abierto que resultase accesible a todo tipo de lector, no por fuerza nada más a los chavos, que son los verdaderos protagonistas de la contracultura, o los investigadores. Por ningún motivo deseaba escribir un libro teórico, de corte académico, porque ya existían varios desde distintos enfoques, porque la teoría no es mi fuerte y porque no me gustaba la idea de hablar de contracultura desde el punto de vista de "la cultura". Me interesaba que la mayor cantidad de lectores (de cualquier edad o clase social) se enterase de estos asuntos.

Durante los años siguientes preparé una conferencia que a la vez fuese una sinopsis de lo que sería este trabajo y finalmente la publiqué en Puerto Rico, Alemania y en mi libro *Camas de campo (Campos de batalla)*. Por esas fechas también escribí los dos volúmenes de *Tragicomedia mexicana*, crónicas sobre la vida en México de 1940 a 1982, y allí mismo tuve que desarrollar el tema de la contracultura con una mayor amplitud, aunque siempre con la forma sintetizada y concisa que caracterizaba a los dos libros. Sin duda mucho del estilo de *Tragicomedia* se coló a la escritura de este libro, pero esto no me parece mal porque en cierta manera son proyectos de una naturaleza estrechamente relacionada.

Varias veces empecé a escribir este libro, pero por distintas razones nunca me gustaba cómo iba y lo detenía tarde o temprano. Finalmente, en 1995 volví a dar el curso sobre contracultura en la Universidad de California, Irvine, sólo que para estudiantes graduados y en veinte sesiones de hora y media. Escribí notas meticulosas, de ocho a diez cuartillas, para cada clase, así es que al concluir el curso prácticamente había armado ya el libro. Pero no fue del todo así, pues en el momento de escribir lo que sería ya la versión final en buena medida hice a un lado mis notas y reescribí con gran gusto.

El resultado, a fin de cuentas, fue un libro que se mueve entre varios géneros y que ofrece una visión general de lo que ha sido la contracultura en los últimos cincuenta años. Algunas de las historias, como la de los beatniks o de los alucinógenos, ya son muy conocidas, y por eso opté por una síntesis que cubriera lo más importante pero sin perder de vista detalles significativos. La contracultura de los años sesenta fue la que más espacio ocupó en el libro, en buena medida porque, para bien o para mal, fue el primer gran movimiento contracultural que abarcó a cientos de miles, que llamó la atención en todo el mundo y que ha sido documentado pormenorizadamente por parte de los

protagonistas y los investigadores; de hecho, es común pensar que la contracultura es exclusivamente la
de los sesenta. Pero, claro, esto no es así, pues existe una contracultura de los setenta y los ochenta de
gran importancia; sin embargo, a causa de la cercanía
en el tiempo, hay menos materiales publicados en forma de libro y aún es necesario hacer mucho trabajo
de campo y rastrear una enorme cantidad de revistas y fanzines para tener una visión más completa de
las manifestaciones contraculturales de ese periodo.

En este libro ni remotamente pretendo agotar los
temas, ni decir "la última palabra". Faltan muchas cuestiones que preferí no tratar porque no disponía de información confiable. Además, aún hay distintas versiones de varias de las historias, porque todos hablan de la
feria según les fue en ella; de la misma manera, también
existen diversas maneras de interpretar estos fenómenos. Ésta es una de ellas, y ciertamente significa patinar
en el hielo frágil de lo inmediato. Algunos temas, pocos en realidad, sólo se plantean en sus aspectos medulares. La contracultura es un terreno en buena medida
inexplorado y falta mucho por contarse e interpretarse.
Yo ni siquiera lo intenté, porque no disponía de los recursos, y por tanto del tiempo, y porque un proyecto
de esa naturaleza obviamente me rebasaba, pues se trata
de una empresa que sólo se puede completar entre distintos ensayistas, cronistas e investigadores. Yo me

concreté a presentar una visión general de todo el fenómeno y después a narrar la historia básica de cada fase sin
perder de vista sus causas, sus efectos y la manera como
ha afectado a la sociedad mexicana en su conjunto.

Cuautla, 1996

Agradecimientos

Muchas gracias, por sus tips y su apoyo, a Sergio Mondragón, Eva Beatriz Ruiz, José Vicente Anaya, Una Pérez Ruiz, Andrés Ramírez, Carlos Magdaleno Mechaén, Alejandro Oscós, Pedro Peñaloza, José Agustín Ramírez, Carlos von Son, Ariel Rosales, Augusto Ramírez, Juan Villoro, Julio Glockner, Waldo Lloreda, Pedro Moreno, María Eugenia Vargas.

1. Burbujeando bajo la superficie

En la segunda mitad de los años cincuenta, el régimen mexicano se consolidó del todo y la revolución "se institucionalizó". Las asonadas habían quedado atrás, pero también las conquistas sociales; en los años cuarenta se abatió la reforma agraria, se domesticó a los obreros y se desmanteló la educación "socialista". El país entró en un proceso de industrialización y "modernización" en el que la influencia de Estados Unidos creció aceleradamente. A cambio de un sistema antidemocrático y cada vez más corrupto, de que el presidente fuera monarca absoluto durante seis años, y de que una desigual distribución de la riqueza motivara protestas y manifestaciones populares, reprimidas sistemáticamente, había relativa tranquilidad, y el llamado "desarrollo estabilizador" logró casi quince años de alto crecimiento económico y de paridad sin cambios. Se habló, incluso, de un "milagro mexicano". Si éste existió, las grandes mayorías lo vieron pasar como un extraño fenómeno sideral, pero la clase media creció en las grandes ciudades.

Además, el paso del México tradicional, atávico, al país moderno que prometía el régimen no era fácil. Aunque el contexto ya no era exactamente el mismo, gran parte de la sociedad continuaba con los viejos prejuicios y se complacía en los convencionalismos, en el moralismo fariseico, en el enérgico ejercicio de machismo, sexismo, racismo y clasismo, y en el predominio de un autoritarismo paternalista que apestaba por doquier. Los chismes y el qué-dirán daban a la hipocresía el rango de gran máscara nacional. Los modos de vida se rigidizaban y se perdía la profundidad de antes. No es de extrañar entonces que muchos jóvenes de clase media no se sintieran a gusto. Por una parte crecían en ambientes urbanos, no pasaban demasiadas estrecheces y oían hablar de progreso y oportunidades; en México todo estaba perfecto, se les decía, aquí la Virgen María dijo que estaría mucho mejor. Por otra parte, las costumbres eran excesivamente rígidas, las formas de vida en la familia y la escuela resultaban camisas de fuerza; el deporte y las diversiones no bastaban para canalizar la enorme energía propia de esa edad, pues también habían salido de los viejos y ya inoperantes moldes.

A muchos no les satisfacía un paisaje social en el que había que guardar las formas, pues los valores religiosos y civiles sólo operaban en la teoría: mediante sobreentendidos y leyes no escritas, en la práctica se profesaba el culto al dinero, al estatus y al poder en medio de una alarmante indigencia interior, lo que generaba la emergencia de los aspectos más negativos de la gente, en especial de muchos de quienes ocupaban sitios de autoridad. Neurosis, cáncer y úlceras eran los terrores de la época. Los grandes cultos religiosos, como el católico, ya no cumplían bien su función de preservar la salud síquica de las comunidades, además de que el furor anticomunista de la época vitaminó una intolerancia que se intensificó a principios de los sesenta, después de la represión a los maestros y ferrocarrileros, y de la aparición de los rebeldes sin causa y de la revolución cubana. La represión a jóvenes e inconformes se volvió cosa de todos los días.

Ante este contexto, que difícilmente se advertía en la superficie, tenían que aparecer vías que expresaran la profunda insatisfacción ante esa atmósfera anímica cada vez más contaminada, que encontraran nuevos mitos de convergencia o, en el caso de los jóvenes, que descargasen la energía acumulada y representaran nuevas señas de identidad. La contracultura cumpliría esas funciones de una manera relativamente sencilla y natural, ya que, por supuesto, se trata de manifestaciones culturales que en su esencia rechazan, trascienden, se oponen o se marginan de la cultura dominante, del "sistema". También se les llama cultura alternativa, o de resistencia. ¿Tuvieron sus precursores? Ah sí, claro que sí, de hecho no habría habido contracultura si éstos no hubieran venido manifestándose silenciosamente desde la aparición de los pachucos en los años cuarenta.

Pachucos

Desde siempre, los jóvenes de ascendencia mexicana en Estados Unidos han vivido contextos de severa explotación, marginación y discriminación. Desde los años cuarenta, y especialmente después de ser utilizados como carne de cañón en la Segunda Guerra Mundial, manifestaron su identidad marginal de muchas maneras. En el país más rico del mundo, que ostentaba su poderío y su "destino manifiesto", el mexicano-estadunidense, salvo pocos casos, era sirviente o peón de la más baja categoría, y tenía que soportar el desprecio del gringo o pasarla muy mal si se rebelaba. Los jóvenes, para bardearse de la hostilidad circundante, formaron pandillas y establecieron al barrio como su patria y a las calles como su territorio natural. Se peleaban y se emborrachaban, cometían atracos y todo el tiempo tenían que torear a la policía y los blancos más racistas.

A estos jóvenes se les empezó a conocer como pachucos. Un mito de origen señala que en un principio existió un muchacho muy bravo apodado el Pachuco porque había nacido en Pachuca, aunque desde los dos años de edad sus padres lo llevaron a Los Ángeles. Este chavo pronto y sin demasiados esfuerzos lideró una pandilla de rufianes que hizo mucho ruido por revoltosa y temeraria, pero también por los lucidores trajes con que iba a las fiestas. Dado que muchos negros vivían condiciones relativamente semejantes, no es de extrañar que estos jóvenes adoptaran la forma de vestir de los jazzistas negros más macizos, los locos del be-bop, que se ponían holgados trajes resplandecientes, elegantes, de pantalones de pliegues en la cintura y valencianas estrechas como tubo; sus sacos eran largos, de amplias solapas cruzadas y grandes hombreras; usaban corbatas anchas como banda presidencial y bogartianos sombreros de fieltro. El zoot suit, como llamaban a estos tacuches, se volvió también, por méritos propios, el Traje del Pachuco, y causó sensación pues era diferente, llamativo y provocativo: fue una de las primeras muestras de la estética de la antiestética que después sería común en todos los movimientos contraculturales.

A esta pandilla de jóvenes se le conoció como los Pachucos y, con el paso del tiempo, a todo joven que usaba zoot suit también se le llamó así, aunque el único y verdadero Pachuco para esas alturas había ido a dar a la cárcel, donde fue acuchillado. Usar este traje no era una moda, sino una seña de identidad de jóvenes oprimidos e insatisfechos que no eran ni mexicanos ni estadunidenses, sino el laboratorio de un mestizaje cultural. Los pachucos no sólo se afirmaban a sí mismos sino que también, sin saberlo, estaban creando las condiciones para que surgiera lo que después, en los años sesenta, fue el movimiento chicano, que luchó por sus derechos, se expresó a través de las artes y los medios, y forjó una auténtica identidad cultural. Por supuesto, los chicanos nunca dejaron de reconocer orgullosamente a los pachucos como sus antecesores, tal como lo mostró Luis Valdez en su célebre film *Zoot suit*.

El pachuco también acuñó su propio lenguaje: un espanglés de pochismos puros y caló del sur que lo distinguió en el acto. Joven al fin, se entusiasmó e hizo suyos algunos de los grandes ritmos musicales de la época: el danzón, lleno de curvas peligrosas, la rumba y el mambo, porque se hallaba profundamente conectado con sus raíces mexico-latinoamericanas. Pero también fue experto del swing y el boogie, ya que, lo quisiera o no, la cultura en que vivía se le había metido hasta lo más hondo. Con sus trajes relampagueantes se entregaba al baile porque así lograba una auténtica liberación emocional que también abría la puerta a los siempre fascinantes y peligrosos placeres dionisiacos del lado oscuro de la luna.

El de los pachucos fue un fenómeno contracultural en varios aspectos: lo protagonizó gente joven y propuso un atuendo, caló, música y baile que lo identificaba. Repudió al sistema porque éste a su vez lo rechazaba, pero el nivel de conciencia de la rebelión era casi nulo y con gusto los pachucos se habrían integrado al sistema de haber podido. Éste, sin embargo, se cerró para ellos y los reprimió lo más que pudo. Se trató de una rebelión instintiva, visceral, primitiva, que llamó la atención porque era auténtica, vistosa y provocativa, aunque, claro, encontró grandes incomprensiones.

Octavio Paz, por ejemplo, vio a los pachucos desde fuera, con desdén de aristócrata y mentalidad de maestro lasallista. Los consideró un extremo, *clowns* impasibles y siniestros, pasivos y desdeñosos, sadomasoquistas que pretendían aterrorizar y que en realidad sólo mostraban vocación de víctimas, para llamar la atención, o de delincuentes, para ser "héroes malditos". No contento con esta andanada de derechazos, don Octavito descalificó al pachuco como un ser inútil que no reivindicaba ni la raza ni la nacionalidad de sus antepasados, y cuya rebeldía era un "gesto suicida, pues el 'pachuco' no afirma nada, no defiende nada, excepto su exasperada voluntad de no-ser"; es "una llaga que se muestra, una herida que se exhibe y que es adorno bárbaro, caprichoso y grotesco".

En realidad, los pachucos no tenían nada de suicidas; al contrario, estaban llenos de vida y querían expresarse; se defendían a sí mismos, pero también defendían la libertad de ser. No tanto como los chicanos, pero ellos también, consciente o no, tenían muy presente su país de origen. En efecto, eran una herida que se exhibía, pero Paz condenó la llaga y no el cuerpo enfermo en que había brotado. A fin de cuentas redujo un complejo fenómeno cultural a museo de horrores, y lo utilizó para tejer metáforas y ejercitar el estilo. Incluso salió con que hasta el Afamado Traje de Pachuco era un "homenaje a la sociedad que pretende negar".

En todo caso, estos elegantes y sinuosos maestros se extendieron a las zonas fronterizas mexicanas, donde se reprodujeron con naturalidad, pues muchos jóvenes de las chulas fronteras se apantallaron con los destellos refulgentes de los trajes de los pachucos y pensaron que el modelito estaba perfecto para ir a bailar. En la ciudad de México hubo algo parecido, pero no eran pandillas de jóvenes sino gente, no por fuerza joven, que se entusiasmó con el tacuche de grandes hombreras y que raspaba suela en el Salón México; primero se les conoció como tarzanes, pero a fines de los cuarenta se hablaba ya de los pachucos, especialmente cuando, en la bisagra de las décadas, los popularizó Tin Tan, alias Germán Valdés, a quien no le costó trabajo hacerlo porque era un auténtico pachuco de la frontera. Con el director Gilberto Martínez Solares y una runfla de cuates como el carnal Marcelo, Vitola, el enano Tuntún y Borolas, Tin Tan dejó películas memorables como *El rey del barrio*, *El sultán descalzo* o *Calabacitas tiernas*. Sin embargo, en México más bien se vio de lejos a los pachucos y los que hubo ni remotamente constituyeron un fenómeno contracultural como el del sur de California.

EXISTENCIALISTAS

Después de la Segunda Guerra Mundial, Jean-Paul Sartre y Albert Camus obtuvieron gran popularidad con sus tesis filosóficas conocidas como existencialismo. Éstas se hallaban expuestas en sus libros teóricos (*El ser y la nada*, de Sartre; *El hombre rebelde* y *El mito de Sísifo*, de Camus, para sólo mencionar tres obras medulares) pero también en novelas, cuentos y obras teatrales (*El muro, La náusea, A puerta cerrada*, de Sartre; *El extranjero, La caída*, de Camus), que generaron una fuerte excitación entre varios jóvenes franceses. El existencialismo se hallaba sintonizado con ideas de Martin Heidegger, Karl Jaspers, Sören Kierkegaard y Federico Nietzsche, entre otros, y era una corriente pesimista, desencantada ("El hombre es una pasión inútil", decía Sartre), pero humanista e incluso con algunos tintes románticos; en todo caso expresaba la atmósfera desoladora que pendía en Europa después de nazis, fascistas y bomba nuclear.

El existencialismo influyó enormemente porque fue una de las primeras manifestaciones de un espíritu de los tiempos, o un estado de ánimo colectivo, de desencanto paulatino que después abarcó casi todo el mundo, pero en los años cincuenta los primeros en manifestarlo fueron algunos jóvenes franceses, entusiastas de la obra de Sartre y Camus, que empezaron a llamar la atención porque se vestían de negro; se dejaban la barba y bigote. Eran jóvenes sensibles, insatisfechos, y la rolaban por los cafés y bares de Saint Gemain des Près, donde se podía encontrar a Sartre con Simone de Beauvoir; estos jóvenes erigieron a Juliette Greco como imagen de su alma y alentaron una imagen de desinhibidos y pervertidones intelectuales que con gusto le entraban al alcohol y al hashish. Estos tataranietos de los poetas malditos se dejaron ver bien en algunas películas de la Nueva Ola francesa de fines de los cincuenta: el ambiente, por ejemplo, en *Los primos*, de Claude Chabrol, y el espíritu, radiante, en las personalidades de Michel Poiccard y Patricia en *Sin aliento*, de Jean-Luc Godard. Hacia fines de los cincuenta el existencialismo se había dado a conocer en gran parte del mundo y los libros de narrativa de Sartre y de Camus se pusieron de moda internacionalmente. Por supuesto, para apreciar el cuerpo de ideas que sustentaba al existencialismo se requería un entrenamiento en lecturas filosóficas, pero la narrativa era más accesible, oscura y sumamente inquietante.

En México, a principios de los años cincuenta, aparecieron los que Oswaldo Díaz Ruanova llamó "existencialistas mexicanos": Emilio Uranga, Jorge Portilla, Joaquín Sánchez Macgrégor, Antonio Gómez Robledo, Leopoldo Zea, Manuel Cabrera (quien era cuate de Heidegger), Luis Villoro y otros alumnos de José Gaos. Algunos de ellos formaron el grupo Hiperión y escribieron estudios sobre el ser del mexicano desde un punto de vista sartreano-heideggereano-kierkegaardeano-husserleano-camusino. Por cierto, entre los existencialistas mexicanos, Díaz Ruanova incluyó a José Revueltas, quien, a pesar de que siempre profesó la doctrina marxista, en su literatura muchas veces se vio como auténtico existencialista. Estos maestros dieron vida al existencialismo en México desde el lado de la alta cultura.

Por el de la contracultura, a principios de los sesenta, cuando los doctores hiperiones (no son híper ni son iones) ya no se interesaban por el existencialismo, o no tanto, en México se empezaron a ver algunos chavos de clase media urbana con cara de genios incomprendidos que leían a Sartre, Camus, Lagerkvist, a los poetas *beats* y a Hesse; vestían suéteres negros de cuello de tortuga y asistían a los cafés "existencialistas". De pronto, éstos habían brotado en la ciudad de México a principios de los años sesenta y tenían nombres *ad-hoc* como El Gato Rojo, La Rana Sabia, Punto de Fuga, El Gatolote, El Coyote Flaco, Acuario; en ellos se bebía café, se oía jazz y a veces se leían poemas. Estos jóvenes en realidad eran un híbrido de existencialistas y beatniks, pero en México se les conoció como "existencialistas", supongo que porque así les decían a los cafés y porque a cualquier joven "raro" también se le decía así.

Beatniks

En 1945, los jóvenes escritores Jack Kerouac y Allen
Ginsberg, de veintitrés y dieciséis años respectivamen-
te, conocieron, cada quien por su lado, a William Burroughs en la Universidad Columbia de Nueva York.
Burroughs, nieto del dueño de la compañía de máquinas
registradoras, tenía treintaiún años y, a pesar de que se
había graduado en Harvard, era un gran conocedor de
literatura, sicoanálisis y antropología; además, le gustaba la morfina y la heroína. De más está decir que impre-
sionó profundamente a los chavos, quienes lo tomaron
como una especie de tutor, de gurú, a la vez que esta-
blecían una gran amistad entre ellos dos. Más tarde se
les unieron los poetas Gregory Corso y Gary Snyder,
el novelista John Clellon Holmes y el loco de tiempo
completo Neal Cassady (Dean Moriarty en *En el camino*). Todos coincidían en una profunda insatisfacción
ante el mundo de la posguerra, creían que urgía ver la
realidad desde una perspectiva distinta y escribir algo
libre como las improvisaciones del jazz, una literatura
directa, desnuda, confesional, coloquial y provocativa,
personal y generacional; una literatura que tocara fondo.
   Todos estuvieron de acuerdo también en consumir
distintas drogas "para facilitar", decía, muy serio, Allen

Ginsberg, "el descubrimiento de una nueva forma de vivir que nos permitiera convertirnos en grandes escritores". En un principio le tupieron a las anfetaminas (la vieja benzedrina con forma de corazón), pero también a la morfina, el opio, la mariguana y por supuesto a todo tipo de alcohol. Fueron pioneros de los alucinógenos, peyote en un principio, y por allí consolidaron su interés por el orientalismo y el misticismo. Por cierto, en eso de atacarse para crear, los antecesores de estos gringabachos fueron los muralistas mexicanos, quienes, en una asamblea a fines de los años veinte, a su vez acordaron, por aclamación, fumar mariguana para pintar mejor, ya que, según Diego Rivera, eso hacían los artistas aztecas en sus buenos tiempos. El único que no asistió a la asamblea fue Orozco, pero este protopunk maestro mandó decir que si bien usualmente Diego sólo proponía estupideces, en esa ocasión lo apoyaba sin reservas.

En 1948, Jack Kerouac bautizó a su grupo y a la vez definió a la gente de su edad: "Es una especie de furtividad, como que somos una generación de furtivos", le dijo a Clellon Holmes, quien lo transcribió en *Go*, la primera, y según dicen muy buena, novela sobre los beats, publicada en 1952; "una especie de ya no poder más y una fatiga de todas las formas, todas las convenciones del mundo... Por ahí va la cosa. Así es que creo que puedes decir que somos *a beat generation*", o sea, una generación exhausta, golpeada, engañada, derrotada. Herb Huncle (célebre conecte y gandalla intelectual de Times Square que surtía a William Burroughs) le había pegado a Kerouac ese uso de la palabra "beat", y a su vez él lo había levantado del ambiente del jazz y de la droga, donde, por ejemplo, se decía: "I'm beat right down to my socks", algo así como "estoy molido hasta las chanclas", "estoy madreadísimo", "ya no puedo más". Otros dicen que "beat" más bien significaba "engañado", es decir, que la droga que se conectó era chafa. En todo caso, también usaban el término como participio del verbo "to beat" (debería ser "beaten", pero en las mutaciones alquímicas del caló el sufijo se perdió), así es que para Kerouac "beat" también implicaba "golpeado" y "derrotado". Con el tiempo la palabra derivó en "beatnik" y, por supuesto, en Beatles. Años después, Allen Ginsberg diría que "beat" era una abreviación de "beatífico" o de "beatitud"; Jack Kerouac coincidió, y *En el camino* asentó, refiriéndose a Neal Cassady-Dean Moriarty: "Era BEAT: la raíz, el alma de Beatífico". Los dos tenían razón pues la religiosidad era profundísima entre los beats, además de que se caracterizaron por la entrega y la devoción con que emprendieron sus proyectos, por lo que pueden considerarse como individuos de una pureza insólita en tiempos cada vez más corruptos y deshumanizados. Los beats, como muchos jipis después, sin dejar de ser unos cabrones a su peculiar manera, en verdad fueron puros, porque no se contaminaron con la mierda circundante.

Era hasta cierto punto normal que en países como Francia e Inglaterra surgieran grupos de jóvenes desencantados después de los horrores de la guerra, pero resultaba cuando menos un síntoma preocupante que en el país más rico, el vencedor de la guerra, el temible gendarme de las armas nucleares, un grupo de jóvenes no sólo rechazara el "mito americano", sino que se considerase agotado, golpeado, vencido, engañado. Era una muestra irrebatible de que detrás de su fachada de Happy Disneyland, Estados Unidos desgastaba precipitadamente sus mitos rectores: el país del destinomanifiesto, de los valientesylibres, dondetodospuedensermillonarios.

En los cincuenta, Burroughs vino a México y se dedicó de lleno a pilotear todo tipo de drogas, pero las cosas se echaron a perder cuando, accidentalmente, metió una bala en la frente de su esposa. Después viajó por muchas partes y en París publicó, en Olympia Press, la editorial de libros escandalosos de Maurice Girodias, *Junkie* (que en México debería ser *Tecato*) y *El almuerzo desnudo* con el seudónimo William Lee (el nombre con que aparece en *En el camino*; por cierto, fue Kerouac quien sugirió el título *The naked lunch*). Después vendrían los juicios por obscenidad, el aval de la crítica y de escritores clave de Estados Unidos, y otros libros importantes, como *The soft machine* y *Nova Express*. En realidad, Burroughs siempre reconoció una gran amistad con Kerouac y Ginsberg, pero pintó su raya ante el movimiento beat, así es que, en cierta manera, hay que considerarlo aparte.

Los demás emigraron a San Francisco. Allí se consolidaron como un grupo de cuates escritores, en su mayoría poetas. Se reunían en City Lights Bookstore, la librería y después editorial de Lawrence Ferlinghetti; prepararon lecturas, antologías, traducciones, publicaciones. Se hicieron notar en el medio literario de Estados Unidos (es decir, de Nueva York) y fueron descalificados tajantemente por "antiintelectuales" y "antiliterarios". Además de los que llegaron del este, y de Ferlinghetti, en San Francisco eran beats Michael McClure, Lew Welch, Philip Lamantia y Philip Whalen, entre otros. Por otra parte, Charles Bukowsky y Philip K. Dick no fueron beats pero coincidieron en el espíritu. En un momento, Norman Mailer estuvo muy cerca de ellos. Esta Generación Madreada era una continuación directa de la Generación Perdida, que, con Scott Fitzgerald y Hemingway a la cabeza, había surgido treinta años antes, después de la primera Gran Guerra, sólo que con menos decibeles. Los beats definitivamente fueron más acelerados porque su contexto era más oscuro.

En 1956 apareció *Aullido y otros poemas*, de Allen Ginsberg, y en 1957, *En el camino*, de Jack Kerouac. Desde un principio los dos libros causaron sensación. *Aullido* fue llevado a los tribunales por un grupo de ancianos bajo la acusación de obscenidad, pero en 1957 ganó el juicio, pues el juez determinó que la poesía de Ginsberg tenía una "redentora importancia social" y se convirtió en texto de culto porque fue una revolución poética que consteló el alma de muchos que se hallaban insatisfechos en el orden existente. Ginsberg escribió el poema después de una tremenda sesión de dos días en la que se metió peyote (para inducir visiones), anfetaminas (para disponer de potencia) y dexedrina (para estabilizar la experiencia). Desde el primer momento supo que le había salido algo extraordinario y, para estrenarlo como se merecía, organizó una lectura, ahora legendaria, en la Six Gallery de San Francisco, con Kenneth Rexroth como *emcee* y Michael McClure, Phil Wallen, Gary Snyder, Philip Lamantia y Lew Welch también como lectores. Se cuenta que el lugar estuvo retacado. Kerouac hizo una cooperacha y compró varios galones de vino que circularon libremente, así es que pronto la gente le gritaba a los poetas como si fueran músicos en concierto. El clímax por supuesto tuvo lugar cuando Ginsberg entonó su poema, prendido como nunca, y el público quedó feliz e impresionado.

"Después todos nos fuimos y nos seguimos emborrachando", contó Jack Kerouac, quien también decía: "A mí, el whisky me gusta duro, me gusta el sábado en la noche y ponerme loco en la cabaña, me pasa que el sax tenor toque como vieja loca, me gusta estar hasta la madre cuando se trata de estar hasta la madre". Y de escribir sin parar cuando se trata de escribir, se podría agregar. Un ideal de los beats era dar una primera versión definitiva, que no requiriera de corrección alguna, y Kerouac escribió *En el camino* durante tres semanas casi sin comer ni dormir, en estado de trance y en un rollo kilométrico de papel para teletipo, pues no quería parar ni para cambiar de hoja; después no corrigió ni reescribió nada, salvo una parte que desapareció porque su perrito se comió un cacho del gigantesco rollo de papel. Kerouac envió ese mismo rollo a la editorial Hartcourt Brace, donde se aterraron y por ningún motivo quisieron publicarlo, a pesar de que atrajo la atención del crítico Malcolm Cowley. Durante varios años, mientras no paraba de escribir otros libros ahora célebres, Kerouac reescribió su novela y la envió a distintas editoriales; todas la rechazaron, hasta que la publicación de fragmentos en *The Evergreen Review* y *The Paris Review* lograron que la editorial Viking la contratara con un adelanto de mil dólares. A fin de cuentas, Kerouac tuvo que soportar que le corrigieran la puntuación e hicieran cambios mínimos; por su parte, aprovechó el viaje para suprimir las referencias a la relación homosexual de Ginsberg y Cassady. El éxito fue instantáneo. Kerouac fue asediado por la prensa y la televisión, y la vida "en el camino" se volvió fascinación colectiva; no sólo agotó cientos de miles de ejemplares sino que, como decía Burroughs, "vendió un trillón de pantalones Levis, un millón de máquinas de café exprés, y mandó a miles de chavos al camino".

En 1957 los soviéticos pusieron en órbita el primer satélite espacial, el *Sputnik*, y a Herb Caen, periodista de San Francisco, se le ocurrió el término *beatniks*, que venía a ser lo mismo que "generación beat" pero con una amplitud de frecuencia mayor. Varios jóvenes adultos efectivamente eligieron "el camino" y salieron a rolarlo a su manera: tomaban café exprés de día, pues de pronto abundaron los cafés y bares beat, y se reventaban de noche; oían jazz, leían a los beats. La revista *Mad* los dibujaba con barbita, bigote, pantalón vaquero, huaraches y ¡boina! Los beatniks se hicieron sumamente conocidos, pero como moda duraron poco pues representaban algo que horrorizaba a la gentedecente; sin embargo, durante un tiempo fueron tema de chistes, chismes, caricaturas, programas y reportajes; por supuesto también de satanizaciones, represiones, adhesiones, discusiones y definiciones.

Fue célebre, por ejemplo, la distinción que Norman Mailer hizo entre beatniks y hipsters, a los que definía como "negros blancos, aventureros de la ciudad, merodeadores de la noche, sicópatas filosóficos". Pero en realidad, el término *hipster*, que dio origen a *hippie*, prácticamente es sinónimo de *beat*. Si acaso el hipster sería un poco más grueso y violento que el beat. Bruce Cook dice que la palabra se originó, otra vez, entre los negros del jazz y de la droga. En un principio era "hep" y significaba "una calidad intuitiva de entendimiento instantáneo".

Después se convirtió en "hip", y ya en los cuarenta el término era tan común que había un jazzista llamado Harry The Hipster Gibson. A fin de cuentas, lo *hip* es lo que está en onda, y "hipster" es el que agarra la onda, un "macizo". En ese sentido aparece continuamente en *Aullido* y *En el camino*. "Hippie" a su vez equivale a "machín".

A fin de cuentas, a Kerouac no le gustó el éxito y prácticamente desapareció del mapa. Se fue a Lowell, Massachusetts, su pueblito natal, y allí, aunque no tan aferradamente como J. D. Salinger, toreó a los periodistas y redactores de tesis universitarias. Poco antes de morir, en 1969, hizo una reaparición pública que decepcionó a sus amigos y fans, ya que se vio muy reaccionario. Ginsberg, por su parte, siempre tuvo vocación para el estrellato y sus presentaciones se volvieron legendarias porque eran ricas en recursos e ingenio, con música, percusiones, proyecciones y desplantes anticonvencionales, como la célebre ocasión en que alguien del público le preguntó qué pretendía probar con su poesía. "La desnudez", respondió. "¿Pero qué quiere decir con eso?", insistió el cretino, así es que Ginsberg se encueró allí mismo. Después de *Aullido* produjo otro gran poema, *Kaddish*, y en los sesenta los jipis lo reconocieron como su Gran Precursor; también viajó a la India y a Japón, donde tuvo un gran cambio espiritual que como era de esperarse reportó después en su poema "The change"; fue una especie de satori, una iluminación que le permitió aceptarse tal cual era y conciliar sin conflictos sus contradicciones, sus lados apolíneo y dionisiaco, las bodas del cielo y el infierno. Fundó Naropa, un centro cultural-espiritual en Boulder, Colorado, pero nunca dejó de participar intensamente en la militancia pacifista. Con Philip Glass hizo *The hydrogen jukebox* y siempre ha estado en el candelero, a pesar de que los años setenta no fueron favorables a los beats.

En los noventa, en cambio, los beatniks resurgieron con gran fuerza. Primero vino el auge de Burroughs, el Heavy Metal Thunder, como gran padre de la contracultura y la macicez: se filmó *El almuerzo desnudo* y él mismo ha aparecido como actor en películas, especialmente memorable en *Drugstore cowboy*, de Gus Van Sant, además de que ha hecho célebres grabaciones con grupos de rock. Inmediatamente después vino el renacimiento de Kerouac, Ginsberg y de los beatniks en general. Sus libros, y parafernalia que los acompaña, han sido solicitadísimos. Esto corrobora que los beatniks se adelantaron tremendamente a su tiempo. Junto con gente como D. T. Suzuki, Aldous Huxley, C. G. Jung, R. Gordon Wasson, María Sabina y otros, desde los años cincuenta previeron los cambios en el ser humano que se manifestarían a fin del milenio y diseñaron nuevas, más funcionales, rutas de acceso al alma y el espíritu.

Los beatniks constituyeron un fenómeno contracultural. Compartieron el desencanto de los existencialistas pero le dieron un sentido totalmente distinto. La literatura fue su gran vía de expresión. También crearon un lenguaje propio. Exploraron su naturaleza dionisiaca y favorecieron el sexo libre, el derecho al ocio, ¡la hueva creativa!, y a la intoxicación; fueron hedonistas y lúdicos; consumieron drogas para producir arte, para dar mayor intensidad a la vida y para expandir la conciencia; manifestaron una religiosidad de inclinaciones místico-orientalistas, y el jazz fue su vehículo musical; rechazaron conscientemente el sistema y siempre dejaron ver una conciencia política traducida en activismo pacifista. Casi todo esto sería asumido por los jipis en los años sesenta.

En México se dieron pocos beatniks. El más connotado de todos fue el poeta Sergio Mondragón, quien con su entonces esposa Margaret Randall fundó *El Corno Emplumado*, una excelente revista literaria, bilingüe, donde publicó la plana mayor de los poetas beat de Estados Unidos. A principios de los años sesenta, Mondragón y Margaret Randall conocieron a Philip Lamantia, quien, siguiendo los pasos de Burroughs y Kerouac vivía en México en la calle Río Hudson, muy cerca del departamento de Juan José Arreola. Después llegó el poeta Ray Bremser, quien había estado preso en Texas por posesión de mariguana y se mudó a México para el destraume. En casa de Lamantia, además de Bremser, se reunían Randall y Mondragón, los jóvenes poetas Homero Aridjis y Juan Martínez, hermano del crítico José

Luis Martínez; el pintor, ya fallecido, Carlos Coffeen Serpas y los nicaragüenses Ernesto Cardenal y Ernesto Mejía Sánchez. Después fue a visitarlos Allen Ginsberg y así se consolidó el carácter beat del grupo.

Un activo promotor de los beatniks fue Cardenal, quien, como se sabe, además de poeta era sacerdote. Cardenal había salido de Nicaragua para ingresar en el monasterio de los trapenses en Kentucky, donde hizo una gran amistad con Thomas Merton; sin embargo, tuvo que irse de allí ya que los trapenses le prohibieron escribir poesía. En México se instaló en el monasterio de benedictinos en Cuernavaca, cuyo prior era Gregorio Lemercier (quien escandalizó a la Iglesia católica cuando instauró el sicoanálisis entre sus monjes). En Cuernavaca, Cardenal atendía religiosamente a sus amigos beats; los confesaba, ofició el matrimonio de Philip Lamantia y también bautizó a algunos de los hijos de los beatniks que visitaban México. En el Distrito Federal, asistía a las reuniones en casa de Lamantia, donde todos se leían sus poemas. Allí, Sergio Mondragón tuvo la idea de fundar *El Corno*, que llevó la poesía beatnik a varios poetas latinoamericanos, especialmente al grupo colombiano de los nadaístas y a los tzantzicos de Ecuador. También organizaron lecturas en el célebre café El Gato Rojo, donde Lamantia tocaba jazz con su saxofón.

Margaret Randall se mudó después a Cuba y en los ochenta logró ganarle un pleito legal al gobierno de

Estados Unidos, que se negaba a restituirle su ciudadanía. Mondragón, por su parte, se clavó en el budismo y ya entrados los sesenta se fue a Japón, donde se rasuró la cabeza e ingresó en un monasterio zen. En los setenta estaba de retache; escribió varios libros de poemas e hizo un espléndido trabajo como promotor cultural en los años ochenta. Otro gran personaje que puede considerarse de estirpe beat es el pintor y neólogo Felipe Ehrenberg, que siempre ha estado con los machines y los jodidos. Y el (textualmente) loco de Parménides García Saldaña, quien fue un erudito en cultura beatnik y beat antes del surgimiento de la onda.

Muchos años después, en los ochenta, los poetas Pura López Colomé y José Vicente Anaya, cada quien por su lado, se especializaron en los beatniks, los tradujeron y retradujeron. Habría que revisar las versiones de Anaya, no vayan a estar como las que hizo con los poemas de Jim Morrison. Y en los noventa, Jorge García-Robles se especializó en William Burroughs y publicó los libros *La bala perdida* y *Drogas. La prohibición inútil*. De auténtica alma beat también resultó el poeta José de Jesús Sampedro, el terror de Zacatecas, y a su manera, el también poeta Marco Antonio Jiménez, hombre fuerte de Torreón, y por supuesto el reverendo Alberto Blanco, quien publicó su poesía en inglés en City Light Books, la editorial de los beatniks.

2. Rocanrol y rebeldes sin causa

La base esencial del rock es el blues, una música prima-
ria, básica, con tendencias a la monotonía, que puede
expresar una alegría que conoce el dolor. Surgió en Estados Unidos en la segunda mitad del siglo diecinueve a
partir de los cantos de lamentación de los esclavos afri-
canos importados en el siglo diecisiete. También asu-
mió la canción religiosa y las piezas para bailar llamadas
jump-ups. Con esa carga se creó una forma musical en
la que se cantaba un verso y éste era "respondido" por la
guitarra. Como su nombre indica, el blues representa el
punto de vista de los negros de ese sentimiento de tris-
teza y dulce melancolía que los gringos conocen muy
bien ya que compensa el acelere y la extraversión que
les caracteriza y que es como la nostalgia inconsciente
de una vida interior rica y profunda.

El blues obtuvo su forma básica en los años treinta
con Robert Johnson, Charley Patton y Lightnin' Hop-

kins, y se coló de lleno al jazz de las grandes bandas, pero a fines de los cuarenta la incorporación de la guitarra eléctrica significó un salto cualitativo y permitió el surgimiento de otros grandes: de Chicago, Muddy Waters, John Lee Hooker, Howlin' Wolf y Elmore James; T. Bone Walker salió de Texas y B. B. King, de Memphis. Ellos agregaron una ejecución a niveles de virtuosismo, humor, provocación sexual y también, a veces, un ritmo más festivo, como en el caso de Bobby Bland o Jimmy Reed. Todos ellos fueron reverenciados, y promovidos, por los roqueros de los sesenta: John Mayall, los Rolling Stones, los Who, los Them, los Animals, los Beatles, los Yardbirds, la Crema, Led Zeppelin y el primer Fleetwood Mac, en Inglaterra; y en Estamos Hundidos, Paul Butterfield, Canned Heat, Blues Project, el primer Steve Miller, Jimi Hendrix, Janis Joplin, Grateful Dead, Jefferson Airplane, Country Joe and the Fish, entre muchos otros.

A principios de los años cincuenta, en los barrios negros de las ciudades de Estados Unidos apareció el rhythm and blues, que como el nombre indica, al blues le añadió ritmo. Tenía un espíritu más abierto, menos lamentativo, contenía el germen de lo que después se conoció como *soul*, y para fines prácticos ya era rocanrol. El ritmo ya no falló en los cincuenta porque muchos chavos negros se metieron de lleno en la música y le borraron la planicie. Había un gran ritmo, auténtica alegría, humor y coros loquísimos en los que nunca faltaba un bajo profundo. Entre los grandes del rhythm and blues inicial están Mr. Blue Harris, Joe Turner, Big Mama Thornton, Etta James, Bo Diddley, The Chords, The Coasters, Lloyd Price, Fats Domino, Little Richard y Chuck Berry. Este salto cualitativo igualmente se dio, *of all places*, en el campo sureño, entre algunos jóvenes blancos que asimilaron el blues y lo fundieron con la tradición ranchera del country & western: así crearon el rockabilly o hillbilly rock, que para fines prácticos también ya era rocanrol. Carl Perkins, Bill Haley, Jerry Lee Lewis, Elvis Presley y los Everly Brothers fueron los grandes motores del rock montuno.

Por tanto, el rocanrol, a fin de cuentas, resultó un derivado del blues hecho por jóvenes blancos y negros que fundió el rhythm and blues negro y el rockabilly blanco, pero que también asimiló la improvisación, la libertad y la macicez del jazz, las profundidades del gospel (la música religiosa de los negros) y en general toda la gran tradición musical de Estados Unidos, incluyendo la comercial, en el mercado pop o Tin Pan Alley, a través de la cual se programan y canalizan los gustos y las maneras de ser de la gente joven. Todo esto se popularizó con el término "rock and roll", que el disc jockey Alan Freed había propuesto desde 1951 y que ciertamente implica movimiento intenso. Podría traducirse como "mécete y gira" pero, según *The Rolling*

Stone Rock 'n Roll Encyclopedia, en realidad se trata de un eufemismo usado en el medio del blues que significa "intercambio sexual": o sea, coger. El popular programa de Freed se llamaba *Noches de rocanrol* y transmitía el rhythm and blues negro en sus versiones originales (lo usual era tomar las rolas de los negros y popularizarlas con cantantes blancos). En un principio el rocanrol expresó la visión del mundo de los adolescentes, los *teeny-boppers*, los de secundaria o *high school* gabacho, los más chavitos. Sin embargo, a principios de los sesenta, vía Bob Dylan, se asimiló la música folclórica y los temas de denuncia social, "de protesta", como se les decía; un poco más adelante el rocanrol se quedó simplemente en "rock" y expresó ideas sumamente complejas y una visión contracultural del mundo.

Desde un principio el rocanrol rebasó al sistema: brotó a través de numerosas y minúsculas "casas grabadoras" y se coló, rápida y silenciosamente, en las estaciones de radio juvenil. De pronto ya estaba en todos lados. A la gran industria no le gustó nadita esa ruidosa revoltura de negros y blancos y juzgó que era inapropiada para los muchachos, pero, como dejaba enormes cantidades de dinero, trataron de montarse en la nueva música y conducirla por donde les convenía. Esto se logró en parte, con esquiroles como Pat Boone y Ricky Nelson, niños decentes, monísimos, guapísimos, bien peinaditos y repugnantemente dóciles. También censuraron y manipularon a Elvis Presley y satanizaron al sureño talentosísimo pero un tanto cerril Jerry Lee Lewis porque se casó con su prima de trece años. Se estableció que el rocanrol era "puro ruido" y se le relacionó con la delincuencia y el vicio, por lo que se perpetraron varias películas que atraían al chavo con estrellas de rock para asestarle un sermón hipócrita y moralista. Las campañas por el control de rock fueron intensísimas, pero su naturaleza contracultural ya no pudo detenerse.

El éxito masivo del rocanrol ocurrió en 1955 a partir de "Al compás del reloj", el éxito de Bill Haley y sus (*but of course*) Cometas, y tema musical de la película *Semilla de maldad* (*Blackboard jungle*), que trataba de jóvenes salvajes y descarriados. Era una juventud desenfrenada, desadaptada, viciosa y destructiva, que, como decían en *West Side Story*, estaba "sociológica y sicológicamente enferma". Elvis Presley fue el gran vehículo de la difusión del rocanrol. Joven blanco con alma y cultura musical negra, Elvis quintaesenció la nueva música: era joven, carismático, fuerte, bello, sensual, provocativo y gandalla. Por naturaleza transgredía las coordenadas de la geografía del sistema y costó trabajo contenerlo, primero, mediatizarlo después y, finalmente, hasta donde era posible, integrarlo. Los primeros años de Elvis, de 1955 a 1958, fueron los mejores porque el joven roquero partió de una base purísima y sin quererlo impidió que la naturaleza del rock fuera distorsionada en las dificultades del principio. Lo mismo se puede decir de quienes, con Elvis, pueden considerarse padres del rocanrol: Chuck Berry, Jerry Lee Lewis y Little Richard.

En México el rocanrol se dio desde un principio, pero se creyó que era una moda musical más, sólo que ahora venía del norte y no del Caribe. La industria se lanzó al abordaje y nos soplamos a las orquestas de Pablo Beltrán Ruiz, del cacique Venus Rey y de Luis Arcaraz, a los hermanos Reyes, los Tex Mex y los Xochimilcas. Hasta Agustín Lara y Pedro Vargas salieron en películas "de rocanrol", y más tarde Lalo González, el Piporro, también le entró al "rocanrol ranchero". Pero después, finalmente, las cosas pasaron al campo de los chavos con Gloria Ríos y Erika Carlsson, y en 1957, como debía de ser, el rocanrol hecho por jóvenes fue una realidad. De un concurso de aficionados de televisión salieron Toño de la Villa y los Locos del Ritmo, que realmente eran los que traían la mejor onda: tenían capacidad para componer y eludieron la gringada de ponerse un nombre en inglés, como casi todos los demás rockers que a partir de 1958 brotaron en México. Los más importantes y célebres fueron los Locos, los Teen Tops y los Rebeldes del Rock. Salvo los primeros, estos grupos no compusieron material propio, sino que adaptaron los rocanroles de Estados Unidos (a veces inspiradamente, como al convertir "Good Golly Miss Molly" en "Ahí viene la plaga"). Estos tres grupos tuvieron un enorme éxito: "el nuevo ritmo" en español se hallaba confeccionado a la medida de muchos chavitos mexicanos, ya que en México también el rocanrol prendió fuerte entre los de secundaria y preparatoria. Los más grandes, universitarios y politécnicos, lo veían como colonialismo cultural, infiltración imperialista o simple estupidez. Otros grupos de la época fueron los Crazy Boys, los Black Jeans, los Boppers, los Gibson Boys, los Viking Boys, los Hooligans, los Sonámbulos, los Jokers y los Hermanos Carrión. Casi todos tuvieron algún gran éxito de ventas y esto sin duda se debió a la frescura y autenticidad de todos ellos pero, especialmente, a que cantaban en español, lo cual les daba un enorme radio de penetración.

Tanto en Estados Unidos como en México la campaña contra el rocanrol fue intensa, por decir lo menos. Desde los hogares, las escuelas, el gobierno, los púlpitos y los medios de difusión se satanizaba al rocanrol porque era puerta a la disolución, el desenfreno, el vicio, la drogadicción, la delincuencia, la locura, ¡el infierno!: el rock era cosa del demonio. O comunista, porque en esos tiempos se vivían Los Grandes Furores Anticomunistas. Esta manera de ver las cosas era irracional e inútil, además, pues a la larga con ella sólo se precipitaron los acontecimientos. En realidad, la rebeldía que supuestamente generaba el rocanrol era bien epidérmica, incluso diez años después también lo fue. De no caer en semejante histeria, el rocanrol habría ocupado el sitio que le correspondía en la cultura popular y nos habríamos ahorrado muchos golpes que dejaron cicatrices profundas. Pero era imposible. La época, especialmente intolerante, tenía a la represión como respuesta inmediata, natural, del sistema ante cualquier manifestación de inconformidad o rebeldía. Los mexicanos debían estar orgullosos de vivir en un país con libertad, paz, justicia social, democracia, crédito internacional y crecimiento sostenido. Ni remotamente se les ocurría que pudieran estar equivocados.

En realidad, el rocanrol era un ingrediente básico entre los males que asolaban a muchos jóvenes urbanos de clase media. Impresionados, primero, por películas como *El salvaje*, donde Marlon Brando lideraba a una banda de pre-Hell's Angels, y sobre todo por *Rebelde sin causa*, la gran película de Nicholas Ray, en la que James Dean logró patentizar la dignidad y la profunda insatisfacción de muchos, los chavos de clase media mexicana empezaron a establecer señas de identidad: cola de caballo, faldas amplias, crinolinas, calcetas blancas, copete, patillas, cola de pato, pantalones de mezclilla, el cuello de la camisa con la parte trasera alzada. Y rocanrol, que se bailaba a gran velocidad y a veces acrobáticamente, como el viejo jitterbug. Estos chavos idolizaron a James Dean porque él encarnó el arquetipo del héroe en un contexto contracultural. En *Rebelde sin causa*, Dean tenía la firmeza y la pureza necesarias para sobrellevar a una familia infeliz, a una escuela insensible y a una sociedad cada vez más enferma; no me comprenden, parecía decir, pero soy fuerte y puedo con ellos sin perder mi naturaleza esencial, sin volverme cómplice. Su chava también era fuerte y agarraba la onda, y los dos se volvían como hermanos mayores de su generación. Así, a través de James Dean, muchos jóvenes empezaron a cuestionar el rigidísimo modelo autoritario de la familia de clase media mexicana.

A estos chavos se les llamó "rebeldes sin causa", por la película, naturalmente, pero también porque en verdad el mundo adulto mexicano se creía tan perfecto que no le entraba la idea de que los jóvenes pudieran tener motivos para rebelarse. Además, no deja de ser significativo que el término viniera de una traducción literal del título de la película de Nicholas Ray, en el que la "causa" no se refiere a un "motivo", sino a una causa judicial, y por tanto más bien significa "Un rebelde sin proceso", un rebelde que está en la línea divisoria y no ha pasado a la delincuencia, un rebelde cultural. De cualquier manera, todo muchacho que no fuese obediente-bien-peinado-pulcro-y-conformista, que no se quitara el pantalón de mezclilla, que cultivara el copete y le gustara el rocanrol era visto como un rebelde absurdo, sin razón, un fenómeno inexplicable que debía corregirse aplicando la línea dura. A estos jóvenes, por su parte, les gustó la idea de ser rebeldes y con más ganas siguieron bailando, arreglándose y vistiéndose como lo hacían; su himno era la rola de los Locos del Ritmo "Yo no soy un rebelde", pues ésta expresaba muy bien su condición. "Yo no soy un rebelde sin causa", decía la canción, "ni tampoco un desenfrenado, yo lo único que quiero es bailar el rocanrol y que me dejen vacilar sin ton ni son", lo cual, en la adolescencia, más bien es síntoma de normalidad; sin embargo, a los hipócritas de tiempo completo les parecía el colmo del cinismo de una juventud sin "ambiciones ni valores".

La indignación ante los rebeldes sin causa (después simplemente "rebeldes" o "rebecos") también se debía a que por esas épocas en la ciudad de México aparecieron numerosas pandillas juveniles, algunas bastante bravas; sus armas eran las navajas de botón y las cadenas de bicicletas; vestían, si podían, chamarras y botas de piel, pantalones vaqueros y cinturón de gruesa hebilla, que, por supuesto, también era arma ofensiva. En muy raros casos usaban pistolas. Las pandillas tenían sus ritos de iniciación, que a veces consistía en escribir el nombre de la banda con la punta de la navaja en el pecho o el vientre del iniciado; las pandillas se daban en distintas colonias de clase media o media baja de la ciudad de México, como en la Roma (los de Romita especialmente gruesos), Portales, Del Valle, Narvarte, Mixcoac, Tacubaya, Escandón, Condesa, etcétera. Como es de rigor, algunas calles de la colonia eran el territorio sagrado, su espacio vital, y por tanto la ocupación número uno consistía en madrearse con las pandillas de otros lados para defender el espacio o simplemente para descargar las marcas del pesado autoritarismo del sistema y para experimentar emociones fuertes que le quitaran la planicie a una vida rígida y controladísima. Por supuesto, las pandillas más bravas con frecuencia se pasaban de la raya y armaban escándalos en las calles, levantaban y violaban muchachas, robaban tiendas y vinaterías, porque les gustaba el chupe y ponerse bien pedotes. Generalmente tomaban cerveza pero con frecuencia se pasaban a los pomos. Algunos, realmente pocos, fumaban mariguana o tomaban anfetaminas. Las pandillas más gruesas se instalaban en las fronteras de la delincuencia (como los Conchos, los Gatunos o los prepunks Nazis de la Portales, que en el nombre llevaban la fama), pero la mayor parte de ellas se hallaba compuesta por chavos que buscaban lazos de identidad juvenil, que a lo más se dedicaban a echar relajo y que debían ser vistos con una óptica distinta a la represiva, pues manifestaban síntomas del deterioro del sistema, el desgaste de los mitos fundadores y la proximidad de nuevos fenómenos que se harían más perceptibles a fines de los sesenta y en las décadas siguientes.

Con el fenómeno de las pandillas las buenasconciencias acabaron de rasgarse las vestiduras. Todo lo relativo a los jóvenes fue satanizado y la represión cundió en familias, escuelas, instituciones. Federico Arana reportó algunos encabezados de la prensa de la época: "207 mozalbetes presos por atacar al público", "22 estudiantes presos", "Está al garete la juventud mexicana", "Inició la policía una guerra sin cuartel contra pandillas de vagos y malvivientes", "Padres y policías unidos para combatir la delincuencia juvenil", "Angustiada, la sociedad pide protección contra pandilleros". Y así por el estilo. Por su parte, los chavos también rechazaron tajantemente a los adultos, y surgió la afamada "brecha generacional"; por primera vez en la historia un antagonismo profundo dividió a adultos y jóvenes.

Todo esto llegó a un clímax en mayo de 1959 durante el estreno de la película *King Creole*, de Elvis Presley, que significativamente fue traducida en México como *Melodía siniestra*. Desde un principio, Elvis había sido sumamente antipático para los periodistas mexicanos, quienes decían que berreaba más que cantar y que su música y sus películas "incitaban al mal". Después, en 1957, de plano se sacaron de la manga que Presley había declarado que prefería besar a tres negras que a una mexicana, lo cual motivó la histeria antirrocanrolera; llovieron las Indignadísimas Protestas, se decretó un boicot en las radiodifusoras y se exigieron quemas de los discos del buen Elvis. A la larga, la campaña se extinguió, los chavos siguieron rocanrolizándose y Presley obtuvo una extraordinaria publicidad gratuita en México. A alguien que tenía semejante poder de ventas no se le podía ignorar, así es que sus discos se vendieron masivamente y se proyectaron sus películas, que, por otra parte, eran churros hollywoodenses de lo más deplorable. En 1958 se estrenó *Jailhouse rock*, aquí titulada *El prisionero del rock and roll*, y aunque se dijo que hubo "motines" en los cines Roble y Balmori, en realidad no pasó gran cosa, así es que en su momento se programó, en condición de preestreno, *Melodía siniestra* (no es creíble el titulito) en el Cine de las Américas. En esa ocasión las pandillas armaron uno de los máximos relajos de la historia nacional, como si ése hubiera sido el momento de descargar toda su repugnancia ante la histeria antijuvenil de los últimos años; el cine quedó semidestrozado y los granaderos golpearon a todos los que pudieron y arrestaron a los pobres mensos que no huyeron a tiempo. Parménides García Saldaña aprovechó el incidente para escribir uno de sus mejores y más delirantes relatos, titulado naturalmente "El rey criollo".

La poderosa e inesperada penetración de los grupos de rock de fines de los años cincuenta hizo que el sistema se alarmara y se empeñara en contrarrestarla. Además de la satanización del rocanrol, que a fin de cuentas no sirvió de gran cosa salvo para exacerbar los ánimos antijuveniles de los padresdefamilia, se procedió a la cooptación de los mismos músicos. Esto no fue difícil; la rebeldía de los primeros rocanroleros era mínima, pues éstos no tenían ni la más remota conciencia del significado de lo que hacían y en el fondo predominaba en ellos la ambición natural de enriquecerse y "ser estrellas". Por tanto, fueron presa fácil de los cantos de sirena de las compañías disqueras y de sus hermanas, la prensa seudojuvenil, las radiodifusoras, la televisión comercial, los teatros de revista y los clubes nocturnos. Y el cine, porque, como en Estados Unidos, nos asestaron películas "juveniles" hechas por adultos pero con las nuevas estrellas. Eran películas siniestras, hechas al vapor y por supuesto con libretos oligofrénicos en los que se condenaba toda forma de conducta juvenil. Estos engendros habían aparecido desde fines de los cincuenta (el primero fue *Juventud desenfrenada*, que a pesar de un apreciable desnudo de Aída Araceli, resultó, para Emilio García Riera, "la más asquerosa película jamás hecha"), pero proliferaron en la primera mitad de los sesenta, muchas veces con Angélica María, Enrique Guzmán, César Costa, Alberto Vázquez y Julissa.

Desde el momento en que empezaron a grabar en las grandes empresas (que por otra parte eran las únicas que había pues en México no existieron las pequeñas grabadoras privadas que surgieron en Estados Unidos), los directores artísticos procedieron a someter a los rocanroleros a camisas de fuerza: rechazaban las canciones que consideraban "explosivas" y les proponían otras más inocuas; también se empeñaron en desdibujar todo rasgo propio y en convertirlos en copias patéticas de artistas famosos de Estados Unidos; así, los Hermanos Carrión resultaron los Everly Brothers nacionales, Julissa fue la Doris Day mecsicana, Vianey Valdés la Brenda Lee y César Costa el Paul Anka del Nopal. Varios grupos se desmantelaron cuando los que más destacaban recibieron contratos como "solistas": a Enrique Guzmán lo sacaron de los Teen Tops; a Johnny Laboriel, de los Rebeldes del Rock; César Costa dejó a los Black Jeans; Julissa, a los Spitfires; Paco Cañedo se fue de los Boppers y Ricardo Rocca, de los Hooligans; Vivi Hernández abandonó a los Crazy Boys y Manolo Muñoz defeccionó de los Gibson Boys. También se impulsó a Angélica María, Alberto Vázquez, Queta Garay, Mayté y Pily Gaos, por ejemplo. Todos ellos fueron controlados férreamente y la industria les dictó qué piezas cantar, les supervisó el vestuario, les impuso coreografías convencionales y en general les diseñó una "imagen" anodina de nenes decentes, aunque algunos de éstos se reventaran a gusto en privado. En general se propició una mentalidad individualista, en el peor sentido de la palabra, y se quiso eliminar el concepto de una gestalt artística, en la que el trabajo era en equipo pero el brillo individual tendía a desvanecerse para que destacara la identidad de grupo. Siempre había alguien que sobresaliera, pero no por fuerza se convertía en el eje del conjunto. Los rocanroleros eran una miniorquesta sin director, un ensayo de comuna musical.

El éxito de los solistas juveniles devastó a los grupos de rock. Los que ya habían logrado cierto nivel de notoriedad, como los Boppers, los Viking o los Clover Boys, se eclipsaron. Sólo sobrevivieron los Locos del Ritmo, pero como Toño de la Villa falleció en un accidente, el grupo tardó en reponerse. Los demás ya no encontraron oportunidades y se les cerró la puerta de las grabadoras, los teatros de revista, los clubes nocturnos, la radio y la televisión. A veces tocaban en fiestas particulares. Allí se inició la marginación del verdadero rocanrolero mexicano, que a partir de ese momento debió luchar contra infinidad de obstáculos para vivir de su vocación.

La situación mejoró un poco con la aparición, a principios de los sesenta, de los "cafés cantantes", que duraron hasta fines de la década y que abrieron un mínimo espacio tanto para el público que no se resignaba al rock controlado y para los grupos que empezaban o que no hallaban sitio en el sistema comercial. Eran lugares normalmente pequeños, incómodos, en los que los muchachos tomaban café, coca-colas o limonadas y donde, como no se podía bailar, practicaban el *sitting*, o sea, llevaban el ritmo sin moverse de las minúsculas sillas. Estos cafés cantantes eran francamente inofensivos, pero aun así continuamente era clausurados por las autoridades, que con el tiempo afilaban su fobia hacia el rocanrol, o padecían las continuas razzias de los granaderos, la fuerza represiva por excelencia, que asaltaban los establecimientos, maltrataban a los jóvenes, los montaban en las Julias y los llevaban a las delegaciones policiacas, donde se les humillaba antes de llamar a los padres, que además de recibir gruesas dosis de moralina tenían que pagar mordidas para que liberaran a sus hijos. Los cafés cantantes más célebres fueron el Ruser, el Harlem, el Hullaballoo, el Sótano, A Plein Soleil, Pao Pao y Schiaffarello, y éstos dieron un foro a los nuevos rocanroleros de los sesenta, que en esa ocasión ya no eran del Distrito Federal sino de la frontera norte: Javier Bátiz y los Finks, y los TJs (de Tijuana), los Dug Dugs (de Durango), los Yaqui (de Sonora) o los Rockin' Devils (de Tamaulipas). Estos músicos en general eran rocanroleros de corazón y su nivel de ejecución era un poco más avanzado, pero tampoco componían y además cantaban en inglés, porque muchos no renunciaban al sueño guajiro del éxito en Estados Unidos o porque, de plano, creían que el único lenguaje del rock era el inglés.

3. Alucinógenos

México es un país abundante en plantas de poder (también llamadas plantas mágicas, sagradas, alucinógenas, enteógenas, siquedélicas o sicodélicas, sicoactivas, sicotrópicas y sicotomiméticas). Hay varias de ellas poco usadas, como el grano de mescal (*sophora secundiflora*, que según Peter T. Furst es el alucinógeno más antiguo de las Américas y que no tiene que ver con el mezcal, la tremenda bebida oaxaqueña destilada de una variedad del agave, ni con el peyote, cuya sustancia básica es la mescalina), o el piciétl (*nicotiana rustica*, un tabaco potentísimo que se usaba en los rituales de la pipa de la paz y que en la actualidad es casi imposible de obtener), o el toloache (*datura inoxia*, reconocido por todos como sumamente peligroso, por lo que más bien se usa en la brujería negra); entre las daturas están también la *ceratocaulum* (las semillas de un arbusto conocido como *manchu pai*, que subrepticiamente desintegran la personalidad y después la rehacen); o el badoh negro (*ipomoea violacea*, una variedad más potente de semillas de la virgen). O las hojas de la pastora. Pero también existe el *popus yai*, otras semillas de la sierra mazateca que cortan los malos viajes y que se han experimentado con éxito en la curación de la esquizofrenia.

Sin embargo, los alucinógenos más conocidos en México son el peyote (*lophophora williamsii*, que brota en los desiertos del norte), los hongos alucinantes (diversas variedades de *psilocybe*, propios de las montañas del sur, aunque también los hay en el centro), las semillas de la virgen u ololiuhqui (*rivea corymbosa*, el alucinógeno favorito de los toltecas, aztecas y otros indios del México central); y la mariguana (diversas variedades de *cannabis*, que se dan prácticamente en cualquier parte, aunque su potencia alucinogénica es infinitamente inferior a la del peyote, los hongos alucinantes o a las semillas de la virgen). Los indios mexicanos, de sur a norte, conocen estas sustancias desde tiempos inmemoriales (el grano de mescal, desde el siglo octavo antes de Cristo) y por supuesto disponen de un conocimiento sumamente sofisticado que les permite saber cómo usarlas y en qué dosificación, y así disponen de una impresionante gama de posibilidades rituales, religiosas, curativas y adivinatorias.

En términos generales, se puede afirmar que los alucinógenos incrementan espectacularmente los sentidos y llevan a la conciencia hacia zonas de la sique que usualmente sólo son accesibles mediante prácticas que se llevan toda una vida o bajo condiciones extraordinarias en la vida de los individuos. La vista adquiere una nitidez insólita, además de que la mirada interior se abre a todo tipo de visiones; también se oye más y mucho mejor, por lo que escuchar música puede ser algo insólito; el tacto obtiene una sensibilidad afinadísima; el olfato igualmente puede incrementarse y se perciben más matices en los olores; y, por último, el gusto suele permitir que los sabores sean de una exquisitez inenarrable. Además, en cualquiera de los sentidos pueden ocurrir alucinaciones (visuales, auditivas, olfativas, táctiles, gustativas), de allí que un nombre natural para estas plantas sea "alucinógenos". El sentido del tiempo cambia por entero y, como en los sueños, una micra de segundo puede albergar a toda la eternidad. Sin embargo, el hecho de que con frecuencia se generen altos estados místicos, más una conexión profunda con la naturaleza y el cosmos, además de la sensación común de alcanzar revelaciones trascendentes, propició que R. Gordon Wasson propusiese la denominación "enteógenos", esto es, sustancias que permiten la comunicación con Dios. En realidad, en esto, el viejo y micófilo banquero no hizo más que seguir a los zapotecos, que siempre han llamado "carne de Dios" a los hongos alucinantes.

Al aumentar notablemente la función de los sentidos se genera un incremento de la percepción y de la conciencia, ya que ésta penetra en áreas que le eran desconocidas, lo que los sicoanalistas llaman el inconsciente o lo que Huxley denominaba "el nuevo mundo de la mente". Por eso Timothy Leary consideró que la principal función de los alucinógenos era la expansión de la conciencia. Por su parte, Aldous Huxley se interesó a tal punto por los alucinógenos que quiso morir en el momento más alto de un viaje y su esposa le inyectó cien microgramos de LSD, así que el buen Hux murió muy repuestito. Pero antes de este viaje, cuyo boleto "no tenía regreso", Huxley estudió a fondo los efectos de los alucinógenos y por eso en sus libros *Los demonios de Loudun* y *Eminencia gris* (claro, junto a *Las puertas de la percepción* y *Cielo e infierno*) concluyó que las sustancias alucinogénicas conducen a estados de la mente a los que sólo llegan algunos, escasos, santos de Occidente y los grandes maestros orientales, lo que se conoce como éxtasis, iluminación, nirvana o satori. Sin embargo, para que se corrobore que en verdad los extremos se tocan, según Huxley este territorio edénico es también el de la locura, en el que coexisten sin dificultades el cielo y el infierno. La gran diferencia entre el santo/gurú y el loco naturalmente estriba en que el enfermo mental no controla su mente, y lo que experimenta no tiene sentido para él, pues las más de las veces tiene escasa o ninguna conciencia; el santo y el maestro de Oriente, en cambio, tardan muchos años de plegarias, ejercicios y prácticas para llegar a esos estados, a los que acceden en plena conciencia y de los cuales regresan sin problemas. En ese sentido, el caso relativamente reciente más notable es el de Ramakrishna, quien a la menor provocación y con una facilidad increíble entraba en nirvana.

Por su parte, los indios americanos disponían de conocimientos tan profundos de los alucinógenos que iban y venían de los estados extáticos sin grandes complicaciones. Las plantas de poder resultaron así un espectacular atajo que les ahorraba muchos años de perseverancia en el reconocimiento y el control del alma y el espíritu. En cierta forma, lo mismo es verdad de quienes consumen alucinógenos sin los ritos tradicionales de los indios, por puro hedonismo, curiosidad, o incluso con la mejor de las intenciones, pero sin los conocimientos necesarios. Sin embargo, estos viajeros con frecuencia se enfrentan al hecho de que su inmersión en lo más profundo de la mente les depara experiencias tan extrañas que pueden tardar muchos años en entenderlas, si es que llegan a comprenderlas del todo. En todo caso, lo que Paracelso decía de la mariguana es válido para cualquier alucinógeno: su efecto depende del sitio, la compañía, la edad, la cultura, la educación, la sensibilidad y especialmente de la *intención* de quien los consume. Es decir, hay numerosas variables y los vehículos son decisivos, pero siempre es más importante el piloto. Si alguien busca obtener experiencias religiosas, adivinatorias o el conocimiento de sí mismo, quizá pueda lograrlo, pero también es cierto que si el sujeto quiere estupidizarse, o autodestruirse, probablemente eso sea lo que obtenga.

En todo caso, los alucinógenos se diferencian de las demás drogas en cuanto no generan una adicción física y ni siquiera sicológica, pues, salvo la mariguana, su potencia es tal que difícilmente se consumen con frecuencia excesiva; puede darse el caso de que alguien se entusiasme, o se prenda, a tal punto con los alucinógenos, que durante un tiempo los frecuente mucho, pero más temprano que tarde le ocurrirán viajes aterrorizantes que impedirán un ejercicio meramente hedonista y que lo obligarán a hacer un alto para reflexionar y recapitular experiencias. Esto mismo evita que estas sustancias se utilicen como vías de escapismo, lo cual es frecuente con las demás drogas, ya que los alucinógenos inexorablemente llevan a enfrentar la realidad interna y externa, que son caras de lo mismo. Como dice Peter T. Furst: los alucinógenos "actúan para validar y ratificar la cultura, no para facilitar medios temporales que permitan escapar de ella".

El doctor Andrew T. Weil sintetizó muy bien lo que otros investigadores, pensadores y ártistas han argumentado: "El deseo de alterar periódicamente la conciencia es un impulso innato, normal, análogo al hambre o al impulso sexual". El ser humano requiere romper con la percepción habitual y descubrir que en su interior hay puertas maravillosas que conducen a una realidad más trascendente, que todo lo abarca y que ofrece un sentido distinto, más profundo y humano, de la vida. Precisamente esa necesidad biológica e innata es la que ha llevado a los seres humanos en todos los tiempos a tratar de modificar su percepción ordinaria de innumerables maneras para tener atisbo de lo que no es aparente en las cosas y en uno mismo; a fin de cuentas, se trata del viejo "conócete a ti mismo". Ésta no es una empresa fácil y trae consigo innumerables peligros. Mientras más cerca se halla el hombre de la vida inconsciente, más protegido se encuentra, pero la misma naturaleza humana nos lleva a tratar de rebasar nuestra condición natural y ser cada vez más conscientes, lo cual nos despega de la vida natural y nos mete en problemas, pero ése es el único camino para volvernos más humanos y a la vez para estar cada vez más cerca de nuestra naturaleza divina.

Por último, debido a que la ignorancia, los prejuicios y las necesidades de controlar a la sociedad han hecho que estas sustancias sin excepción estén fuera de la ley en muchos países, y especialmente en México, hay que reiterar que los indios mexicanos las han consumido desde hace miles de años sin efectos nocivos porque, bien empleadas, pueden ser herramientas maravillosas. Urge despenalizar y legalizar estas sustancias. Los alucinógenos ni remotamente han sido estudiados a fondo para emplearse en la medicina, en lo cual los indios nos llevan una considerable ventaja. Además hay numerosas vías para llegar a los mismos estados (la oración, los ejercicios espirituales, el yoga, la meditación, el ensueño o la imaginación activa), y de ninguna manera es necesario recurrir a los alucinógenos para ingresar en los territorios del éxtasis sagrado.

Peyote

El peyote es el botón de un cacto pequeño, sin espinas, que brota al ras de la tierra en algunas zonas desérticas del norte de México y del sur de Estados Unidos, desde San Luis Potosí hasta Nevada, pasando por Zacatecas, Durango, Chihuahua, Baja California, Sonora, Nuevo León, Coahuila, Texas, Nuevo México, Arizona y California. El famoso etnobotánico Richard Evans Schultes lo consideró "una fábrica de alcaloides", porque además de la mescalina, su componente principal para producir visiones y alucinaciones, contiene más de treinta sustancias, la mayor parte de ellas sicoactivas. Además de sus propiedades alucinogénicas, el peyote es muy efectivo para reducir o de plano anular la fatiga, y por eso los indios del norte recorren distancias larguísimas comiendo los botones sagrados. Por cierto, el sabor del peyote fresco o seco es sumamente amargo y desagradable, y con frecuencia induce vómitos en quien lo come. Por esa razón, muchas veces se muele o se licúa, y después se mezcla con agua para beberlo o, si no, para evitar el sabor, algunos viajeros muy aferrados prefieren los enemas e introducen el peyote por el recto, la controvertida vía cacal.

Los indios mexicanos del norte conocen el peyote desde hace más de cuatro mil años y lograron el milagro de que durante la Colonia su uso ritual se preservara a pesar de la tenaz e irracional persecución de los españoles, que sin más lo denominaron "raíz diabólica". En la actualidad, las etnias más relacionadas con este alucinógeno son los huicholes, los rarámuris y los coras. Los huicholes le llaman "hikuri" (que, según los especialistas, es el nombre correcto, ya que "peyote", del náhuatl "peyotl", se refiere a cualquier planta medicinal) y además son los únicos que llevan a cabo "cacerías" rituales de la planta, que implican largos peregrinajes de cuatrocientos cincuenta kilómetros para llegar a Wirikuta, el mítico lugar de origen ubicado en los desiertos de San Luis Potosí (donde, como era de esperarse, también se encuentra Real de Catorce, la más famosa mina de peyote del mundo). Una vez en Wirikuta, hombres y mujeres, jóvenes, adultos y viejos, primero "cazan" el peyote, al que relacionan con el venado sagrado, y después se lo comen durante varios días. Esta tragadera de peyote es tolerada por las autoridades, pero los huicholes no han logrado que sea reconocida legalmente, lo que sí obtuvieron distintos grupos de indios peyoteros del norte de México y del sur de Estados Unidos que, desde fines del siglo pasado, formaron la Iglesia Nativa Americana. Ésta entabló una ejemplar lucha contra las autoridades de Estados Unidos hasta que tuvo la legalización del consumo sacramental del peyote entre los miembros del culto. En los sesenta se decía que los indios de la Iglesia Nativa eran los únicos con permiso legal para ponerse hasta la madre.

Como se ve, de todos los alucinógenos mexicanos el peyote es el que más se dio a conocer antes que los demás. Desde fines de los años treinta, el antropólogo estadunidense Weston La Barre publicó su estudio, ahora clásico, titulado *The Peyote Cult*, y éste fue seguido por numerosos trabajos, entre los que destacan los de Omer C. Steward, David Aberle, J. S. Slotkin, Barbara G. Myerhoff y, *last but not least*, los de Fernando Benítez y Carlos Castaneda. En los años cuarenta, el teórico del teatro y alucinado poeta francés Antonin Artaud viajó a las montañas de Chihuahua y probó los botones de peyote; a su regreso a Europa publicó un reporte sobre sus experiencias que atrajo la atención de los intelectuales más macizos del Viejo Mundo. Después, el peyote fue sintetizado químicamente y así se produjo la mescalina, que llegó a manos del escritor Aldous Huxley en los años cincuenta; Huxley la consumió en circunstancias controladas y así pudo escribir sus libros, también clásicos, *Las puertas de la percepción* (el título, que viene de un célebre poema de William Blake, dio origen al nombre del grupo de rock The Doors) y *Cielo e infierno*. En ellos Huxley reportó sus experiencias con rigor, meticulosidad e inspiración narrativa, y aportó reflexiones sumamente útiles acerca de los estados extáticos, además de que en *Los demonios de Loudun* estableció el piso común de alucinógenos, misticismo y locura. El poeta francés Henri Michaux también probó la mescalina y la silocibina, y escribió sobre sus experiencias en *Misérable miracle* y *L'infini turbulent*. Todo esto hizo que el peyote fuera cada vez más conocido fuera del ámbito indígena mexicano. Los escritores beat, siempre al día en esas y otras cuestiones, rápidamente se lanzaron a probarlo y sus experiencias se convirtieron en parte directa o indirecta de la obra de Burroughs, Kerouac, Ginsberg y Corso. Con todos esos materiales, el peyote estaba listo para darse a conocer masivamente en los años sesenta.

Hongos alucinantes

Los indios de México conocen los hongos alucinogénicos desde hace muchos siglos, y son expertos en su uso para obtener curaciones, profecías o estados extáticos. Brujos legendarios como María Sabina conocían los ritos y las dosis adecuadas para que los hongos desplegaran sus capacidades mágicas y curativas. Antes de la llegada de los españoles, los indios desarrollaron un culto a los hongos, que eran conocidos como "teonanacates", o "carne de Dios". Por supuesto, conocían muy bien las distintas variedades de hongos enervantes, que más tarde fueron identificadas como *psylocibe mexicana, p. aztecorum, p. zapotecorum, p. semperviva, p. caerulescens, p. yugenscis, p. mixeensis, p. hoogshagenii, p. muliercula,* o *panaeolus campanulatus* o *sphinctrinus,* o *stropharia cubensis,* un hongo muy potente que, a pesar de su nombre, no se encuentra en Cuba y que tiene la característica de que brota en medio del estiércol de ganado. Todos estos distintos hongos alucinogénicos aparecen en tiempo de aguas en Oaxaca y Chiapas, pero también en Veracruz, Puebla, Morelos, Guerrero y Estado de México, y se han encontrado en las faldas de los volcanes de Colima. Su sabor no es desagradable y, como se descomponen al poco tiempo, si no se comen frescos se les preserva con miel o se les deja secar. Los indios los comen pareados, de noche, con fines curativos o adivinatorios, y las dosis van de tres pares de hongos en adelante. María Sabina, de lo más tranquila, llegaba a comer hasta sesenta hongos fresquecitos en una sesión. Durante siglos estos hongos se conservaron casi desconocidos para el mundo no indígena, pero en la mitad del siglo veinte se hicieron muy populares a causa de las investigaciones de R. Gordon Wasson.

En los años cuarenta, este banquero neoyorquino fue infectado de micofilia por su esposa Valentina Pavlovna. El tema de los hongos mágicos se le metió hasta lo más hondo y, con el tiempo, sin duda le deparó más momentos de auténtica felicidad que de desconsuelo. En un principio se interesó por los hongos *amanita muscaria*, o mosca agárica, un hongo loquísimo de Siberia que se da en muchas otras regiones y que con frecuencia aparece en ilustraciones de cuentos de hadas; concretamente, es el gran hongo en que se halla sentado, con todo y *hookah*, el gusano de *Alicia en el país de las maravillas* tanto en los dibujos de John Tenniel como en la película de la casa Disney. Este hongo es de tallo blanco, erecto, y de sombrero rojo con manchas blancas. Su potencia alucinogénica es legendaria, y tiene la particularidad de reproducirse, íntegra, en la orina del hongado; si alguien bebe esa orina tiene un viaje aún más fuerte que el de quien comió las setas; además, la orina tiene un olor agradable para algunos animales, así que los koriak siberianos tenían especial cuidado cuando viajaban con hongos y salían a orinar a la intemperie, pues los renos llegaban a toda velocidad dispuestos a beber la orina y mandar a volar, textualmente, al hongado. Por otra parte, Wasson sostiene que la amanita ha sido fundamental en varias culturas, era nada menos que el mítico soma de la India y también la ambrosía de los griegos, como había afirmado el gran Robert Graves, quien a su vez comió hongos alucinantes en su casa de Palma de Mallorca.

Wasson se enteró de que había hongos sagrados en México. En 1938 el antropólogo mexicano Roberto Weitlaner había enviado unas muestras de hongos oaxaqueños al Museo Botánico de Harvard, y más tarde, con su esposa, hija y su yerno Jean Bassett Johnson, asistió a una sesión de hongos en Huautla, pero no los probaron. Poco después Richard Evans Schultes y Blas Pablo Reko viajaron a Huautla y regresaron cargados de muestras. Finalmente Eunice Pike, una misionera del Instituto Lingüístico de Verano, le corroboró a Wasson que sin duda encontraría hongos mágicos en Huautla de Jiménez, Oaxaca. En 1953, Wasson, su esposa e hija, y Weitlaner, emprendieron, por auto, tren, autobús y mula, el ascenso a la sierra Mazateca. En Huautla, no sin dificultades, se enteraron de que algunos curanderos usaban los hongos para saber si alguien se curaría o moriría, para encontrar cosas perdidas o para resolver problemas o interrogantes de la gente. El curandero era el que comía los teonanacates, y durante la experiencia dejaba que el hongo hablara a través de él y respondiera lo que se quería saber. Wasson y Weitlaner asistieron a una de estas sesiones y la reportaron meticulosamente, pero es obvio que no quedaron muy satisfechos.

En 1955 Wasson subió a Huautla nuevamente, acompañado por el fotógrafo Allan Richardson, y esa vez tuvo la suerte inaudita de conocer a María Sabina, entonces de cincuenta años, quien, con su hija Virginia, les voló la mente con seis pares de hongos derrumbe recogidos ese mismo día. Ellas, por su parte, se despacharon trece pares cada una, y, después, la chamana de colores guió el viaje de los gringos con una sabiduría e inspiración que dejó fascinado al Viajero Intrépido, Étonnant Voyageur del alma y Jinete de la Eternidad que en realidad era Wasson. El buen micófilo quedó más prendido que nunca y regresó numerosas veces con sus cuates, entre ellos Roger Heim, entonces director del Museo de Historia Natural de París. También envió muestras suficientes de distintos hongos a Albert Hofmann, quien las analizó, determinó que su componente esencial era la silocibina y que la mayor parte de los hongos alucinogénicos pertenecía al *genus psylocibe*. Hofmann también acompañó a Wasson a Huautla.

Por su parte, María Sabina era una india mazateca definitivamente fuera de serie. Wasson la llamaba la Señora. En su familia no había curanderos, de allí que su relación con los hongos era lo que en verdad le correspondía en la vida. Cuando tenía siete años de edad y pastoreaba chivos, uno de los animales se alejó y al ir por él descubrió "unos honguitos, a manera de flores duras". En Huautla los mazatecos son muy aficionados a todo tipo de hongos, así es que no sorprende que la niña se hubiera comido lo que encontró. Todo le pareció extraño. ¿Por qué será?, se preguntó. No tardó en comprender que los hongos eran los que la habían puesto en ese estado. Y le gustó. Con su hermana Ana se aficionó a comer los hongos alucinantes que había en la región: derrumbe, sanisidro, pajaritos. Sentían "muy bonito", y cantaban, bailaban "y después llorábamos", contó María Sabina muchos años más adelante. Siempre comió dosis elevadísimas, más de veinte pares de hongos en muchas ocasiones. Y lo hizo la mayor parte de su vida, salvo cuando estuvo casada, la primera vez de los catorce a los veinte años; y la segunda, con un brujo, de los treintaitrés a los cuarenta y cinco años. Al final, el marido se enteró de que María Sabina estaba comiendo hongos para curar a unos ancianos amigos suyos y la golpeó enfrente de ellos; quizá María Sabina le hizo un trabajito discreto, o en verdad el karma del brujo fue instantáneo, el caso es que esa misma noche se oyeron ruidos extraños en la calle y en la mañana el marido y brujo amaneció muerto en el camino.

A partir de ese momento María Sabina renunció a los hombres y se dedicó de lleno a sus hijos y a curar con los hongos, a los que les decía "niñitos santos", y aunque los comía desde niña ellos se le revelaron hasta que su hermana enfermó de gravedad y María Sabina, para poder curarla, se metió treinta pares de hongos y retó a los niños para que le enseñaran cómo salvar a su hermana. En ese viaje de viajes los Seres Principales le obsequiaron un libro blanco, lleno de luz, que creció hasta alcanzar el tamaño de un hombre; ella veía el libro y sus letras, pero no podía tocarlo, mucho menos leerlo porque era analfabeta; de pronto comenzó a hablar, y supo en el acto que estaba *leyendo* el libro. "Desde que recibí el libro", contó, "pasé a formar parte de los Seres Principales. Si aparecen, me siento junto a ellos y tomamos cerveza o aguardiente. Me entregaron la sabiduría, la palabra perfecta: el Lenguaje de Dios. El Lenguaje hace que los moribundos vuelvan a la vida. Los enfermos recuperan la salud cuando escuchan las palabras enseñadas por los niños santos. Ellos me ayudan a curar y a hablar".

Wasson encontró a María Sabina en su mejor momento. En medio de sus visiones, se quedó maravillado al entreverla a la luz de la luna mientras rezaba y gemía; disparaba extrañas y suaves palabras, "cortando la oscuridad como una navaja", y éstas se fueron convirtiendo en una canción en mazateco. Después entonó un cántico "cuyas frases musicales eran de una ternura lastimera indescriptible", relató Wasson. A lo largo de la velada María Sabina monologó para los seres invisibles, imploró, rezó y cantó. Agitaba los brazos y procedía a bailar una danza larguísima en la que palmeaba, silbaba, gritaba, se golpeaba las rodillas, el pecho y la frente. También fumaba y bebía aguardiente de caña. Sacaba ritmos golpeando el petate con la botella. Finalmente hacía un *fade out* en sus percusiones y dejaba sentir el silencio. Era una artista suprema en el manejo de la carne de Dios.

En 1956, en la página editorial del *Excélsior*, Gutierre Tibón reportó que Wasson había "descubierto" los hongos y que Hofmann los había identificado botánicamente. A su vez, en 1957, Wasson publicó un extenso y legendario reportaje sobre los hongos y María Sabina en la revista *Life*, en sus ediciones en inglés y en español, titulado "En busca del hongo mágico", y puso a los hongos en el conocimiento público. Ya no fueron a Huautla sólo él y sus colegas, sino otros investigadores, doctores, periodistas y jinetes de la mente de todo tipo, hasta que en la segunda mitad de los sesenta en el pequeño pueblo había multitudes de jipis y jipitecas, más la correspondiente cantidad de soldados y agentes de la perjudicial. Medio mundo vendía hongos a los fuereños. María Sabina no soportó un cambio tan drástico y perdió sus poderes. "Antes de Wasson yo sentía que los niñitos santos me elevaban. Ya no lo siento así", dijo. "Desde el momento en que llegaron los extranjeros los niños santos perdieron su pureza. Se descompusieron. De ahora en adelante ya no servirán. No tiene remedio." Los "extranjeros", Wasson y la Banda Académica, a su vez le echaron la culpa a los jipis, que profanaban las viejas tradiciones. María Sabina estaba de acuerdo en eso. "Los jóvenes han sido los más irrespetuosos", se quejó, "toman niños a cualquier hora y en cualquier lugar. No lo hacen durante la noche ni bajo las indicaciones de los sabios, y tampoco los utilizan para curarse alguna enfermedad".

Sin embargo, es evidente que algo semejante pasaría. Los hongos iban a darse a conocer más temprano que tarde, desde el momento, en 1958, en que se construyó una carretera rudimentaria que aun así permitió el acceso de todo tipo de vehículos a Huautla. Antes sólo se llegaba en mula y los comerciantes ricos se estaban acostumbrando a usar avioneta, que llevaba de Huautla a Puebla en un tiempo que parecía milagroso. La gente del pueblo decía que con la brecha los espíritus de la montaña "fueron perturbados en su mágica tranquilidad y por eso cobran ahora la profanación de haber invadido su territorio, las montañas sagradas, los tranquilos manantiales". No tardaron en aparecer las antenas de televisión y para entonces Huautla de Jiménez ya se había jodido; se había conectado con el resto del país a principios de los años sesenta y la noticia de que había hongos alucinantes allí, que por lo demás no era ningún secreto, se habría esparcido de una manera u otra en una década en que los alucinógenos habían cobrado una gran notoriedad.

En el centro de México el alucinógeno por excelencia han sido las semillas de la virgen, que los indios conocían como ololiuhqui u ololuc, palabras del náhuatl que significan "cosa redonda". Estas semillas son pequeñas, del tamaño y el color de una lenteja, y se encuentran dentro de los bulbos espinosos de una enredadera que crece silvestre en las barrancas de los estados de Oaxaca, Morelos, México, Guerrero, Puebla, Hidalgo y Tlaxcala. El ololiuhqui se confunde mucho con el badoh negro (*ipomoea violacea*), cuyas potentes semillas son tan parecidas que también se conocen como "de la virgen"; la diferencia se halla en que las semillas del badoh son negras; las del ololiuhqui, color café.

Los toltecas y después los aztecas fueron expertos pilotos de este alucinógeno; lo tenían en tan alta estima que lo consideraban una divinidad y le rendían culto con sus rigurosos sacerdotes, rituales, sacrificios, incienso y flores. El ololiuhqui estaba relacionado directamente con la diosa de la fertilidad y madre del agua terrestre, la guapa Xochiquetzal. Esta veneración religiosa en cierta forma continuó después de la llegada de los españoles pues a partir de entonces se le conoció como semillas de la virgen (aunque también se le conoce con nombres no tan reverentes como quiebraplatos, árbol loco o borrachera).

Como en tantas cosas, todo marchaba bien entre los indios y el ololiuhqui hasta que llegaron los españoles, que combatieron con saña a las semillas porque las consideraron fuente de idolatrías y supersticiones de alta peligrosidad. El máximo campeón antiololuc fue Hernando Ruiz de Alarcón, quien por desgracia no se largó a vivir a España como sí hizo su hermano Juan, el autor de *La verdad sospechosa* y *Los pechos privilegiados*. Don Hernando era emisario investigador del Santo Oficio, y le agarró tal tirria a las pobres semillas de la virgen que persiguió, encarceló, torturó y asesinó a muchos indios que las escondían porque, con justa razón, no querían que las profanaran las manotas de los gachupas. Ruiz de Alarcón detestaba el ololuc porque entendió que éste, como todos los alucinógenos, tenía la importantísima función de confirmar y corroborar las señas de identidad, los mitos y tradiciones de cada etnia; validaba y ratificaba la cultura. Como esto era diametralmente opuesto a la evangelización católica, don Hernando consideró que el culto del ololiuhqui era satánico y lo combatió con pasión fanática; para empezar se puso a exorcizar las enredaderas de ololiuhqui antes de quemarlas, y después se convirtió en el terror de los pobres indios ololucos. Sin embargo, a fin de cuentas, Ruiz de Alarcón no pudo extirpar la tradición de las semillas de la virgen, porque ésta, como tantas otras cosas, se integró en la nueva cultura.

Hernando Ruiz de Alarcón fue el primero que escribió sobre las semillas de la virgen en su *Tratado de las supersticiones*, pero siempre se negó a permitir la identificación botánica de la planta, así es que esto ocurrió hasta 1919, cuando el doctor Blas Pablo Reko las llevó al laboratorio y las definió como *rivea corymbosa*. Años después, R. Gordon Wasson juntó doce kilos de semillas y las envió a Suiza, donde Albert Hofmann, "el descubridor" del LSD, se quedó pasmado al comprobar que la sustancia básica del ololuc era casi la misma del cornezuelo del centeno, las ácidoamidas lisérgico-d e isolisérgico-d, que están estrechamente relacionadas con la dietilamida de ácido lisérgico-d, o sea, el LSD. Las semillas de la virgen son LSD puro y natural. Este descubrimiento conmocionó al mundo científico especializado en alucinógenos; veinte años antes el mismo Hofmann había descubierto el LSD; en 1960 le tocó confirmar que éste era conocido en México desde muchos siglos antes.

Aun así, las semillas de la virgen, negras o color café, son poco conocidas; ni siquiera en los años sesenta fueron populares. En la actualidad es el alucinógeno que menos se utiliza, o quienes lo consumen ritualmente han guardado muy bien el secreto. Quizá se debe a que con frecuencia la gente que lo consume no obtiene ningún efecto simplemente porque no sabe cómo prepararlas. Por tanto, aquí tenemos la única y verdadera receta, transmitida, como era de esperarse, por R. Gordon Wasson: "Los indios muelen las semillas en un metate hasta que las reducen a una harina. Luego, esta harina se empapa en agua fría y después de un breve momento el líquido es pasado por un trapo colador, y se bebe". La dosis mínima es cien semillas, pero para sentir bien el efecto siquedélico se requieren unas trescientas.

LSD

En 1938, los doctores Albert Hofmann y W. A. Kroll, de los Laboratorios Sandoz de Basilea, Suiza, investigaban los alcaloides del cornezuelo del centeno, un parásito (técnicamente se trata de la esclerosis del hongo *claviceps purpurea*) que ataca la espiga del centeno hasta formar unas puntas largas y oscuras que componen el cornezuelo. Estos estudios constituían una fuente de prestigio en Sandoz, ya que de ellos habían obtenido varias drogas útiles en la medicina interna, la neurología y la siquiatría. Fue así como Hofmann y Kroll descubrieron la dietilamida del ácido lisérgico; como era el vigésimo quinto compuesto que se sintetizaba de ese ácido le llamaron LSD-25. Sin embargo, ni Hofmann ni Kroll tenían idea de qué habían obtenido; lo probaron en animales y no vieron nada de interés, por lo que fue ignorado. A nadie se le ocurrió dárselo a seres humanos.

Cinco años después, en mayo de 1943 (aunque algunos aseguran que fue en 1944), Hofmann experimentaba de nuevo con los derivados del cornezuelo de centeno y quién sabe bajo qué serendipideces sin darse cuenta se topó con el LSD-25. De pronto se sintió un poco mareado e inquieto porque las cosas empezaron a cambiar, así es que se fue a su casa, donde entró de lleno en una serie de visiones que mostraban un "juego calidoscópico de colores". Al día siguiente regresó al laboratorio dispuesto a averiguar por qué se había puesto así; ya sospechaba que la causa era el LSD, así es que decidió probarlo en circunstancias controladas. Se metió una dosis que consideró pequeña: un cuarto de miligramo. El pobre ignoraba que había ingerido una cantidad suficiente para un regimiento con todo y caballos (más adelante se vio que un viaje potente requiere trescientos *micro*-gramos). Por supuesto, el buen doctor entró en un viaje altísimo y descubrió las propiedades alucinogénicas del compuesto. Ante esto, el sicólogo Duncan B. Blewett afirmó que los tres grandes hechos en la ciencia del siglo veinte eran la separación del átomo, el hallazgo del papel bioquímico del DNA y el descubrimiento del LSD.

El alucinógeno sintetizado en Sandoz se fue dando a conocer, y entre los interesados se apuntó, no precisamente con fines altruistas, el ejército de Estados Unidos, cuyos representantes visitaron repetidas veces a Hofmann y le pidieron cantidades demenciales de la droga; querían "muchos kilos", sin ignorar que un microgramo es un millonésimo de gramo, que un kilo tiene mil gramos y que doscientos cincuenta o trescientos microgramos son una dosis normal. Más tarde se supo que el ejército gringo llevó a cabo miles de experimentos con LSD; mil quinientos nada más entre sus mismas tropas, sin que muchos de los soldados supieran lo que les estaban dando. Esto lo hicieron incluso varios años después de que el LSD fue declarado ilegal.

El ejército también promovió experimentos en hospitales gubernamentales. Se ofrecían setenta y cinco dólares a voluntarios que probaran drogas "sicotomiméticas", es decir, que reproducían estados sicóticos. Se trataba de LSD, que realmente no es una droga exclusivamente sicotomimética. Si bien puede llevar a formas de sicosis también conduce a la integración con la naturaleza y al encuentro con Dios. Es una droga enteógena. En los años sesenta, cuando se sintetizaba ácido lisérgico en todas partes, el doctor Humphry Osmond propuso el término "sicodélico", pero como éste también refería exclusivamente a los "estados sicóticos" fue corregido y quedó en "siquedélico", es decir, relacionado a la sique. En México, sin embargo, siempre se ha dicho "sicodélico" y al parecer va a estar difícil enmendarlo.

4. Jipis

KEN KESEY

Uno de los que se apuntaron a probar las susodichas drogas "sicotomiméticas" fue Ken Kesey, joven escritor, fan de cómics de superhéroes (¡shazam!), que había obtenido una beca para escribir en la Universidad de Stanford, a un ladito de San Francisco, y vivía en Perry Lane, el sitio más hip de la universidad. Uno de sus cuates le avisó que en el Hospital de los Veteranos de Menlo Park pagaban setenta y cinco dólares por probar drogas experimentales. Kesey se interesó en el acto; se inscribió como voluntario y primero le dieron un vulgar placebo, pero después probó *otra cosa*; ah caray, el techo se ondulaba, se partía en diversos planos de luz, qué demonios estaba pasando allí, debería sentir *terror* pero nada de eso, en realidad era clarísimo que él formaba parte de todo, de la ardilla que saltó de un árbol allá afuera y el ruido que hizo fue un trueno en el cuarto del hospital. Tenía la seguridad de que el médico veía hasta lo más profundo de él, que conocía sus más terribles secretos. El cuerpo era un torrente sensorial, la mano arrastraba un triple fantasma de luz en cada movimiento, las cosas refulgían con colores imposibles, allí estaba, no era posible, la paz perfecta, el conocimiento de todo lo que ocurre en el universo, su mente era un punto en el que todo convergía y todo era visible, como el segundo sueño de Sor Juana o el aleph de Borges. Ésa era la verdadera realidad, todo lo demás era superfluo, *pálido*… Gracias al gobierno de Estados Unidos, y cobrando además, Ken Kesey acababa de conocer el LSD.

Volvió al hospital todas las veces que pudo, hasta que de plano se negaron a pagarle y surtirle su droga favorita. Pero consiguió más. Tom Wolfe, gran cronista de la saga sicodélica de Kesey, no señala cómo la obtuvo, pero es muy probable que Kesey la pidiera directamente de Suiza; en aquella época Sandoz proporcionaba el ácido lisérgico a cualquiera que lo pidiese, siempre y cuando mostrara cuando menos la papelería de alguna institución médica o académica. Kesey también mandó pedir peyote del sur de Texas. Y mescalina, así es que pronto Perry Lane era la vanguardia neurofarmacológica de la Costa Oeste, el lugar donde circulaban las drogas del futuro que sólo conocían unos cuantos en el mundo: LSD-25, IT-290, peyote, ololiuhqui… Como era de esperarse, pronto se supo que en Perry Lane ocurrían cosas raras y varios macizos formaron un grupo en derredor de Kesey. El principal de ellos era nada menos que Neal Cassady, una leyenda viva, viejo amigo de Allen Ginsberg, compañero de viajes de Jack Kerouac y personaje principal de *En el camino*. Como mucha gente caía en Perry Lane, Kesey inventó un guiso especial de venado fortalecido con LSD que daba, muchas veces sin advertencia, a los visitantes, para que vieran cómo andaba la onda allí. De esa forma, por otra parte, se fue gestando la idea de las pruebas de ácido: dar LSD a la mayor cantidad de gente posible.

Los alucinógenos estimularon notablemente a Kesey, quien como no queriendo en esos días escribió su novela *Uno voló sobre el nido del cuco*, que tuvo un gran éxito de crítica y de ventas, fue adaptada al teatro en Broadway y después al cine con el título, en México, *Atrapado sin salida*. En esta novela, un manicomio es metáfora de la naturaleza represiva del sistema, y McMurphy, el protagonista, resulta una gran personificación del arquetipo del héroe de la contracultura. Tom Wolfe dice que Kesey escribió varios pasajes del libro en ácido y peyote, y que incluso se sometió a una sesión clandestina de electrochoques a fin de no escribir de oídas. Sin embargo, Kesey no se excitó gran cosa con el éxito de su novela y más bien se dedicó a redactar la siguiente: *Sometimes a great notion* (*A veces una gran idea*), que también fue bien recibida y adaptada al cine. Después, a la Rimbaud, dejó de escribir (sólo hasta los años ochenta publicó *The demon box*). Simplemente la literatura ya no le ofrecía el mismo nivel de prendidez que había encontrado con el LSD y sus amigos. Desde 1964 decía que escribir era una forma de expresión artificial y anticuada.

LOS MERRY PRANKSTERS *VERSUS* TIMOTHY LEARY

En 1963 Kesey compró un extremo terreno en La Honda, en las afueras de San Francisco. Era un tramo de bosque con árboles milenarios, un arroyo, prados y una gran casa de troncos de madera. Allí se instaló con su esposa Faye y con sus hijitos, y al poco rato le cayeron viejos y nuevos amigos, atraídos por el imán del LSD que Kesey distribuía generosa pero estratégicamente. Allí estaba Neal Cassady, hasta la madre y sin parar de hablar, y Sandy el Paranoico (que al final se agandalló un poderoso cerebro electrónico Ampex) y Babbs, Hassler, Jane Burton, Mike Hagen y otros macizos. Así se formaron los Merry Pranksters, los Alegres Pícaros, que dormían en cabañas y tiendas de campaña en el terreno de La Honda. Después llegarían otros locos de tiempo completo como Mountain Girl, Hermit, June the Goon, Marge the Barge, Ron Boise y muchos más. A su manera, ésta fue una de las primeras comunas; Kesey compartía la casa con ellos, les daba de comer y cubría todos los gastos. Era un maniático de la electrónica y tenía sofisticados equipos de grabación, de reproducción de sonido y de filmación. En el techo de la casa instaló dos potentes bocinas que llenaban el bosque de notas de Bob Dylan, Omette Coleman, Ene Satie o Edgar Varèse.

Todos los Pranksters compartían la adicción electrónica, medio tocaban instrumentos musicales, se la pasaban jugando y se ponían hasta atrás con LSD puro, peyote y semillas de la virgen, o con benzedrina, dexedrina, metedrina e IT-290. Eran acelerados y extravagantes. Les encantaba la pintura Day Glo, fosforescente, de colores encendidos, y pintarrajeaban todo lo que estaba cerca. Los puntos de convergencia eran Ken Kesey y el LSD, y con éstos, la experiencia extática, la iluminación interior, la comunicación directa y sin intermediarios con los arquetipos y demás agencias del alma. Los alucinógenos, como antes a los beats y a la Liga para el Descubrimiento Espiritual de Timothy Leary, los llevó a la experiencia religiosa y al interés por Cristo, Buda, Lao Tse, Confucio, el *I Ching*, los sufis, Jung, Wilhelm, Suzuki, Blavatsky, teosofía, astrología y otras esoterias. Pero los Pranksters combinaron todo esto con un intenso acelere rocanrolero, hedonista, tecnológico, lúdico y sensual. También se volvieron adictos a los mandalas, el incienso, la ropa y la parafernalia hindú. Eran los profetas del *aquí-y-ahora* y del *agarra-tu-propia-onda*.

En la primavera de 1964 Kesey compró un autobús escolar 1939 acondicionado como casa móvil, con literas y refrigerador. En el acto los Pranksters lo llenaron de extraños diseños sicodélicos con colores fosforescentes. Instalaron sus instrumentos musicales y las cámaras de cine, así como un equipo de sonido con bocinas poderosas en el techo para transmitir rocanrol y loqueras de todo tipo al exterior. También colocaron micrófonos en la carrocería para recoger los sonidos de la calle y reproducirlos dentro del camión. En la frente del autobús se le escribió su nombre y destino: "Furthur", una deformación fonética, huckinneana, de "further", que en este caso significa "más lejos" o "más allá". Y llenaron el refrigerador con LSD en jugo de naranja. Con todo listo, y Neal Cassady al volante de semejante carcacha sicodélica con rock a todo volumen, se arrancaron hacia Nueva York para filmar todo lo que ocurriera y hacer una película del viaje, y de los viajes, porque gran parte del tiempo los Pranksters se la pasaban dando tragos del LSD diluido en jugo de naranja, que combinaban con mota y anfetaminas.

Kesey había indicado que en ese viaje todo mundo podría hacer lo que quisiera, agarrar su propia, única e irrepetible onda, fuese la que fuese, y ser ellos mismos, así es que las loqueras no tenían límite, por todas partes llamaban la atención y la policía los detenía con frecuencia, pero la pasmante capacidad verbal del viejo

Neal Cassady los sacaba del apuro mientras los demás filmaban a los agentes. Iban a toda velocidad, casi sin dormir, tomando dexedrinas y ritalín cuando bajaban del ácido, en medio de calorones y descensos empinados sin frenos. En Nueva York se instalaron en un departamento e hicieron una fiesta a la que asistieron los viejos héroes Allen Ginsberg y Jack Kerouac. Sin embargo, los neoyorquinos no les agarraron la onda, el autobús delirante los dejó fríos y ni siquiera los más locos se interesaron, así es que Kesey y su banda subieron de nuevo en *Furthur* y se dirigieron a la casona de Timothy Leary en Millbrook, al norte del estado de Nueva York.

Leary era un sicólogo de la Universidad de Harvard que una vez, de paseo en Cuernavaca, comió hongos alucinantes y se prendió fuertísimo. Fue una auténtica conversión. De vuelta a Connecticut consiguió buenas cantidades de ácido lisérgico, cambió radicalmente el concepto de sus cursos y se dedicó a prender a todo el que estuviera cerca. Así infectó a sus colegas Ralph Metzner y Richard Alpert (quien después cambió su nombre por Ram Dass). La prendidez de Leary por el LSD creció a tal punto que llamó demasiado la atención y lo corrieron de la universidad, lo que aprovechó para dedicarse de lleno a la causa del LSD. Se conectó con químicos, como Al Hubbard y el seudodoctor Spaulding, quienes lo surtían de ácido lisérgico. Don

Timoteo era de pasiones religiosas y creía que el ácido podía ser vehículo de cambios espectaculares de la humanidad, por lo que se la pasaba enviando LSD, peyote, mescalina y semillas de la virgen por correo a todo el circuito macizo de Estados Unidos. Leary pensaba que urgía que todo mundo probara alucinógenos, por eso propuso la fórmula: "Turn on, tune in, drop out", que más o menos significa "préndete, sintonízate y libérate": toma LSD, capta lo que dice y abandona la escuela o el trabajo.

Como en el caso de Kesey, la fama de Leary de gran jinete lisérgico y su inagotable huato de la nueva droga atrajeron numerosos seguidores que se apuntaron en la Liga para el Descubrimiento Espiritual. En realidad, todo el movimiento sicodélico de los sesenta surgió de los Pranksters de Kesey y del grupo de Leary. Pero el primer encuentro de estos intrépidos viajeros fue funesto; Leary ni siquiera los recibió, porque estaba en un viaje de tres días y no lo podían interrumpir, y su banda (Alpert, Metzner, Maynard Ferguson, Peggy Hitchcock) era de lo más solemne; les gustaba el silencio, la quietud, viajar austeramente, sin música ni imágenes, en grandes espacios abiertos y retirados o en cuartos desnudos de paredes blancas, como los centros de meditación que había en la casa, porque meditaban y hacían ejercicios espirituales todo el tiempo. Los keseyanos, en cambio, eran un ruidoso desmadre que asaltó la casa de Leary con su camión de colores estridentes, sus cámaras, grabadoras y su rock a todo volumen. Los Pranksters esperaban ser recibidos como grandes hermanos de alma, veteranos de las guerras síquicas, y se sacaron de onda cuando los de la Liga para el Descubrimiento Espiritual les sugirieron que bajaran el volumen de su relajo. Por supuesto, los Pranksters procedieron a pitorrearse, lo cual tensó el ambiente. Al final, ni LSD para el viaje de regreso les quisieron regalar, a pesar de que el jugo de naranja ya estaba muy mermado. Era obvio que Leary desaprobaba una sicodelia tan estridente como la de Kesey y su carpanta.

El único que les sacó algo fue Sandy, quien se dio una escapada de *Furthur* y regresó a la casa de Leary, donde lo iniciaron en el DMT, un compuesto ultranuevo y potentísimo de corta duración que se espolvoreaba en mariguana. *A la tercera fumada* Sandy se hallaba en lo más alto de un viaje potentísimo; durante cinco minutos permaneció en esas alturas imposibles y en los veinticinco restantes descendió y aterrizó. Al DMT se le llamaba *coffee break trip* porque en media hora ofrecía una avasalladora experiencia sicodélica. Por cierto, también se decía que a Leary le gustaban las dosis pesadas, como a María Sabina, y que sacaba a los cuates de los malos viajes ¡dándoles DMT! Kesey no se quedaba atrás, pues un tiempo viajaba con ácidos de mil quinientos microgramos, el séxtuple de una dosis normal.

De regreso de su viaje-mágico-y-misterioso, Kesey y los Pranksters se consolidaron como gran comuna sicodélica y se hicieron cuates de los Hell's Angeles, los Ángeles del Infierno. También establecieron contacto con Augustus Owsley Stanley III, el "más grande manufacturero de LSD del mundo", un joven adinerado, hijo de un senador, con una extraordinaria capacidad para la química, que producía LSD de la mejor calidad y en grandes cantidades; al hacerlo, por cierto, Owsley y sus ayudantes permanecían en un constante y altísimo estado de intoxicación, pues el LSD se les metía por la piel. Owsley dejó atrás al Químico Loco, el geniecito que antes procesaba el LSD para Kesey, y lanzó al mercado millones de ácidos de alta potencia, calidad y nombres sugerentes: el famosísimo Blues de Owsley, azul, claro, que tenía impresa una carita de Batman; la neblina púrpura (el *purple haze* de Jimi Hendrix), el relámpago blanco (*white lightning*) o el sol de primavera (*Spring sunshine*), mejor conocido en México como "el anaranjadito" o "el sol rojo de nuestros corazones". En un principio, el LSD llegó en cubos de azúcar o en papelitos, pero luego apareció en pastillas, cápsulas, tabletas, micas, cristalizado o pulverizado, por lo que se le podía ingerir, beber, inhalar o fumar combinado con mariguana. Después vendrían otros alucinógenos: el STP, un ácido lisérgico de larga duración (hasta setenta y dos horas de viaje) o el MDA, conocido como la droga del amor (era un derivado de la nuez moscada que en medio de su potencia alucinogénica avivaba los sentimientos y los afectos; el viajero sentía entonces una fuerte empatía con todos los que estaban presentes. Un derivado del MDA de menos potencia es el éxtasis, que tuvo gran éxito en los noventa; los jóvenes de clase media alta de Estados Unidos y México lo tomaban, ni modo, con anabólicos y bebidas "inteligentes" en las fiestas *rave*: la sicodelia light). Sin embargo, el alucinógeno químico más preciado siempre fue el ácido de Owsley. Sólo él hacía LSD puro, correcto, decían los macizos. Los Beatles, por ejemplo, estaban muy orgullosos de que su primer viaje fue con ácido de Augustus Owsley Stanley III. Este maestro primero abrió una fábrica de ácido en San Francisco, y, cuando la policía la cerró, inició otra en Los Ángeles, disfrazada de Grupo de Investigaciones Baer. Por veinte mil dólares compró quinientos gramos de monohidrato de ácido lisérgico, con los que produjo un millón y medio de viajes que se vendían a dólar cada uno, especialmente en Haight-Ashbury, la zona de San Francisco que se estaba poblando de chavos greñudos y viejos beatniks.

Con LSD en abundancia, todo estaba listo para las pruebas de ácido, con las cuales la experiencia sicodélica se empezó a extender y se volvió masiva. La música

111

corría a cargo de Grateful Dead, los Muertos Agradecidos, el gran grupo sanpanchense de Jerry García; Kesey proyectaba fragmentos de los kilómetros de película que tomó durante El Viaje, además de manchas de colores, mandalas, transparencias, letreros. Se popularizaron los estroboscopios, con sus imágenes hipnóticas que parecían congelar el movimiento. Por supuesto, el ingrediente principal era el LSD de Owsley, que se repartía indiscriminadamente a todo el que respondía al desafío, "¿Puedes pasar la prueba del ácido?", y llegaba a los bailes-conciertos gratuitos. Ya picado, Kesey organizó el Festival de los Viajes, que se publicitó mucho, especialmente cuando Kesey fue arrestado (por posesión de mariguana, ya que al principio de 1966 el LSD no era ilegal en Estados Unidos y México). El Festival duró tres días y acudieron miles de locos que se pusieron a rezumbar con LSD al compás de las improvisaciones largas, sinuosas, ácidas, del Grateful Dead, y del blues y el rock duro de la chaparrita Janis Joplin y Big Brother and the Holding Company. Había cinco proyectores de cine cuyas imágenes barrían las paredes del salón; reflectores que disparaban luces, estroboscopios y letreros locos, como "Todo aquel que sepa que es Dios, que suba al escenario". La multitud, atascada de LSD, vibraba a toda intensidad, bombardeada por tanto estímulo a los sentidos. La policía tenía sitiado el salón, y sin embargo en medio de semejante locura siempre se conservó un extraño equilibrio, por lo que no hubo arrestos. A la gente no le interesaba agandallarse, sino compartir ese insólito, electrónico, sicodélico recreo dionisiaco. Según Tom Wolfe, el Festival de los Viajes se volvió algo así como la "primera convención nacional de un vasto movimiento subterráneo que hasta entonces había existido en forma de silenciosas y pequeñas células".

LOS JIPIS

Se había echado a andar la revolución sicodélica, el poder de las flores. En septiembre de 1965 el periodista Michael Fallon, del *San Francisco Examiner*, acuñó la palabra *hippie* en relación con la gente que vivía en Haight-Ashbury. Eran adictos al LSD, la mariguana y al rocanrol, creían en la paz y en el amor, y tendían a vivir comunalmente, compartiendo gastos. Cada quien hacía lo que quería. *Hippie* es un diminutivo de *hip*, un hermano menor del *hipster*, y textualmente significa "machín", pero aquí desde un principio se mexicanizó como "jipi". La prensa empezó a ocuparse de todo eso, y como resultado miles de jóvenes se mudaron a San Francisco, a Haight-Ashbury, a tomar ácido y rocanrolear. Dejaban todo: casa, estudios, trabajo, y se iban a agarrar su patín, a hacer lo que se les daba la gana, a sentirse libres aunque fuera sólo un sueño de juventud. A mediados de 1966 ya eran quince mil.

Ante el éxito de las pruebas de ácido y el sobrado público de jipis, se abrieron salones de rock como el Fillmore y el Avalon, que reproducían el formato de los Pranksters de luces, estroboscopios, proyecciones, LSD y rock. Surgieron los posters para los conciertos y con ellos todo un estilo de dibujo y diseño sicodélico pues trataba de evocar al LSD. Y los grupos de rock ácido: Grateful Dead, Big Brother con Janis Joplin, Jefferson Airplane, Quicksilver Messenger Service, Buffalo Springfield, The Charlatans. Todos ellos jipis de la peor calaña. Al estilo de los Pranksters, se formaron grandes grupos que vivían comunalmente, como Calliope Company, o The Family Dog (El Perro de la Familia) o The Diggers (los Excavadores, pero también "los que captan"), que eran alivianadísimos y repartían comida y ropa gratis, o Grateful Dead (vivían juntos los músicos, sus parejas y una bola de cuates; su líder, Jerry García, era tan atacado que se le conocía como el Capitán Viajes). Después, otros grupos se fueron al campo y allí establecieron comunas autárquicas y libres de contaminación en la medida de lo posible. La mayor parte usaba el pelo largo o de plano se lo rapaba. Los jipis vestían loquísimo, con muchos colgandijos al cuello, muñecas y tobillos, faldas largas-largas o cortas-cortas, cintas en la frente, sombreros, botas, huaraches o de plano descalzos; otros extravagantes, de la más aferrada línea keseyana, se vestían como piratas o de plano usaban disfraces. O mejor, a la menor provocación, se quitaban la ropa y andaban desnudos. Les fascinaba la bandera gringa y la usaban para todo, en calzones y pantaletas y en los papeles para forjar cigarros de mariguana. Se ponían flores y organizaban grandes reuniones colectivas, como los "be-ins" o "love-ins", fiesta del amor, en las que se oía rock a todo decibel en medio de una densa niebla de mota.

Los jipis apreciaban las vías de acceso al inconsciente y, además de la astrología, se interesaban por todas las formas de adivinación, como la cartomancia (especialmente el tarot), la quiromancia, la numerología y el *I Ching*. También les atraía la magia, la teosofía, la alquimia, el budismo, el zen, el yoga, el tantrismo, el taoísmo y en general las religiones y el esoterismo de Oriente. Todo esto hizo que varios se volvieran lectores de Eliphas Levi, Madame Blavatsky, Gurdieff y Ouspenski, pero también de Richard Wilheim, D. T. Suzuki, Joseph Campbell, Mircea Eliade y Carl Gustav Jung. Fueron admiradores de *Alicia en el país de las maravillas*, de Lewis Carroll, pues pensaban que era un útil manual de viaje sicodélico, al igual que *El libro tibetano de los muertos*, y por eso los seducía tanto. También fueron fans de *El hobbit* y *El señor de los anillos*, de J. R. R. Tolkien, la magistral saga de Bilbo y Frodo Baggins, que en realidad es una gran metáfora de un rito de iniciación espiritual.

En octubre de 1966 la ley prohibió y penó el consumo de alucinógenos, pero no pudo evitar que los jipis crecieran, se expandieran en diversas direcciones y cobraran notoriedad en una proporción desmesurada. Para principios de 1967 eran portada de revista, noticia de ocho columnas y tema de todo tipo de reportaje en los medios. Visitar Haight-Ashbury era obligado en el *tour* turístico de San Francisco, y en todo el mundo se hablaba de los jipis. Mal, en su mayor parte. Se les difundía como jóvenes mugrosos, holgazanes, parásitos y drogadictos. La extrema derecha, rednecks, kukluxklanes y casi todo el gobierno les cobraron verdadera animosidad y los satanizaron para que los rechazara la "mayoría silenciosa". La policía no paraba con los arrestos y por eso se dijo que más que generación de las flores era la generación de las fianzas, porque todos los greñudos tarde o temprano eran arrestados.

En enero de 1967 un "be-in", llamado Reunión de las Tribus, aglutinó a veinte mil jipis que se atacaron con el relámpago blanco de Owsley y oyeron a los viejos beatniks Ginsberg, Snyder y McClure, y al jefe Timothy Leary, además de bailar con Grateful Dead, Jefferson Airplane y Quicksilver Messenger Service. La reunión propuso el lema "haz el amor y no la guerra", lo cual atrajo a los militantes pacifistas de la nueva izquierda. Después vino el Festival de Monterey, junio de 1967, que congregó a cincuenta mil locos y unió a grandes roqueros de Inglaterra (Eric Burdon, los Who) y de Estados Unidos (Buffalo Springfield, Jefferson Airplane, Country Joe and the Fish), además de que proyectó a niveles míticos a Janis Joplin y Jimi Hendrix, de que presentó en grande a Ravi Shankar y sus Pelados y de que roló un LSD conmemorativo: el Monterey púrpura de Owsley. Para entonces el disco de los Beatles *Sgt. Pepper's Lonelyhearts Club Band* se había convertido en himno para miles de sicodélicos, y como Bob Dylan proclamó "¡todo mundo tiene que ponerse hasta la madre!", obedientes, crecían las legiones de mariguanos y aceitosos. La mariguana se popularizaba más allá de los jipis, y darse un toque se estaba volviendo tan natural como tomar una copa. Se volvió "una droga social". En Haight-Ashbury ya eran cincuenta mil los que protagonizaban el Verano del Amor. La policía reprimía las grandes reuniones públicas y los jipis, como Martin Luther King, recurrían a la gandhiana resistencia pasiva y lanzaban flores como respuesta.

Para entonces claramente había dos tipos de jipis: el austero, introvertido, religioso, riguroso, que venía de Timothy Leary y que incluso luchaba por crear una iglesia sicodélica, semejante a la Nativa Americana del peyote, para poder atacarse bajo la ley; y la extravertida, relajienta, dionisiaca, que venía de Ken Kesey. Ambos compartían la experiencia extática y a su manera creían que urgía un cambio profundo en la sociedad y que el

LSD era indispensable en esa revolución porque transformaría a la sociedad desde abajo y desde dentro. Si no hubiesen expresado o sugerido esto en numerosas ocasiones, lo mostraba el notorio proselitismo para difundir el LSD-25 en todas partes. Era una auténtica revolución cultural y el sistema así lo entendió, por lo que prácticamente todos los protagonistas (Kesey, Hofmann, Rubin o Leary, quien vivió persecuciones por varias regiones del mundo) pasaron por la cárcel. Los cientos de miles de chavos que se fueron de jipis a su vez siempre padecieron acosos policiacos y la animadversión, la incomprensión y la intolerancia de la sociedad en general. Todo esto en medio de la guerra de Vietnam y de fuertes represiones en distintas universidades.

En general se había esparcido un clima generalizado de inconformidad juvenil que se manifestaba en una lucha intensa contra la guerra de Vietnam, en la revolución sicodélica, en la defensa de los derechos de los negros y los chicanos, y en los inicios de los movimientos feminista y gay. En 1967 cincuenta jóvenes quemaban sus tarjetas de reclutamiento en Boston, lo que motivó un juicio célebre, pero al final fueron cientos de miles los jóvenes que se negaron a ir a la guerra. Después tuvo lugar una gigantesca marcha hacia el Pentágono, en Washington, en la que el grupo de rock los Fugs (¡los Fugs!) exorcizó al edificio y otros locos lo trataron de hacer levitar. A partir de entonces las manifestaciones contra la guerra, al igual que los festivales de rock, se volverían de cientos de miles, como la moratoria de 1969, que reunió a trescientos mil pacifistas, mientras muchísimas banderas permanecían a media asta en todo Estados Unidos. Para esas fechas eran notorias las Panteras Negras, jóvenes militantes negros y macizos encabezados por Bobby Seale, Huey Newton y Eiridge Cleaver. También surgieron los Weathermen, que tomaron su nombre de un verso de Bob Dylan y que estaban en contra del sectarismo marxista y de la resistencia pasiva; había que "traer la guerra a casa", decían Bill Ayers, Mark Rudd y Jeff Jones, todos ellos fans del Che Guevara. Y por supuesto, aparecieron los yipis; en 1968 Abbie Hoffman, anarcoloco de Nueva York, partidario de "quemar el dinero", se unió a Jerry Rubin y a Tom Hayden, otros acelerados gruesos, y formaron el Partido Internacional de la Juventud (*Youth International Party*), de cuyas siglas, YIP, surgió el diminutivo *yippies*, que implicaba una vertiente politizada y anarquista de jipis. Los yipis sin duda aportaron grandes dosis de diversión de la buena, especialmente cuando Hoffman, Rubin y Hayden estuvieron entre los siete de Chicago, los disidentes arrestados y enjuiciados por las broncas de la Convención del Partido Demócrata de 1968. Rubin publicó un libro, *Do it*, donde se lee este célebre pasaje: "Los adultos te han llenado de prohibiciones que has llegado a ver como naturales. Te dicen 'haz dinero, trabaja, estudia, no forniques, no te drogues'. Pero tú tienes que hacer exactamente lo que los adultos te prohíben; no hagas lo que ellos te recomiendan. No confíes en nadie que tenga menos de treinta años". Hoffman, por su parte, salió con títulos loquísimos como *Revolution for the hell of it* (que podría traducirse como "revolución nomás por mis huevos") y el genial *Steal this book* (*Róbate este libro*), que naturalmente nadie quería editar y donde se asientan infinidad de modos de "chingarse al sistema".

El esplendor de los jipis tuvo lugar a mediados de 1969, durante el Festival de Artes y Música de Woodstock, Nueva York, muy cerca de la vieja casa de Bob Dylan, donde se reunió casi medio millón de jóvenes para oír una gama muy rica de grupos de rock. Durante tres días la nación de Woodstock vivió en un estado de aguda intoxicación de alucinógenos, alcohol, cocaína, anfetaminas y otro tipo de pastas, sin contar con el rocanrol, que, como se sabe, también puede ser un vicio pernicioso. Se trató de un inmenso recreo dionisiaco que transcurrió en paz porque todos se esforzaron para que así fuera. Había que demostrar que lo de la paz y el amor no era mero eslogan. El resultado fue un acontecimiento histórico de implicaciones insospechadas. Sin embargo, a los tres meses tuvo lugar Altamont.

Las cosas habían empezado a descomponerse en 1969 cuando Charles Manson, gurundanga de un grupo de jipis desquiciados, al compás de "Helter skelter" asesinó ritualmente a Sharon Tate y a sus amigos en Los Ángeles. Por primera vez aparecía la cara oscura de la sicodelia, que podía ser sumamente desagradable. Al jugar con contenidos de orden religioso obviamente se podían activar locuras místicas de alta peligrosidad. Al expandirse, la conciencia de los jipis había visto ideales formidables: paz, amor, reconexión con la naturaleza y con Dios; pero el mal también se manifestó en formas más crudas y temibles a partir de ese momento, pues, como se sabe, mientras más fuerte es la luz más intensa es la sombra. Esto se vio en el gran concierto gratuito que los Rolling Stones invitaron (para lavarse el complejo de culpa por no haber asistido a Woodstock) y que tuvo lugar en Altamont, California, muy cerca de San Francisco. Además de los Stones, estaban programados Grateful Dead y Jefferson Airplane, los grupos sanfranciscanos por excelencia. Se juntaron más de trescientos mil locos que, al revés de Woodstock, traían unas vibras siniestras; en la película *Gimme shelter* se puede sentir que un ambiente ominoso pendía desde un principio, los jipis daban salida a la irritabilidad y la intolerancia, y los pleitos se encendían continuamente. Nadie escuchó a Jefferson Airplane, y tampoco hicieron el menor caso a las patéticas admoniciones de Mick Jagger cuando los Rolling Stones tampoco lograron calmar a la multitud y sintonizarla en el espíritu de Woodstock.

Por último, precisamente después de maltocar "Simpatía por el diablo", uno de los Hell's Angels que estaba a cargo del orden y la vigilancia asesinó a puñaladas a un negro, casi enfrente de Jagger y los Stones. Esto acabó con el concierto y después resultó un baño de agua helada, una desilusión profunda para muchísimos jipis y simpatizantes, y el inicio del fin de la revolución sicodélica. Poco después, los Beatles se escindieron en medio de pleitos de lavadero, John Lennon pronunció: "El sueño ha terminado", y se precipitó la extinción de los jipis. Con el tiempo desaparecieron, pero su muerte no fue sólo de causas naturales, sino que el sistema nunca dejó de reprimirlos, satanizarlos y combatirlos con ferocidad.

5. Jipitecas

En 1966, cuando sintió el acoso fuerte y determinado de la policía, Ken Kesey huyó a México. Gente de Estados Unidos, por lo general más sensible, culta o bohemia, se había instalado en Oaxaca y Cuernavaca, pero preferían San Miguel de Allende, Ajijic, Puerto Vallarta y Mazatlán. En realidad, México se hallaba en el circuito beatnik, así es que resultó normal que muchos macizos se desplazaran al sur de la frontera; no sólo contaba la atracción física y mítica del país, sino el hecho de que aquí estaban los hongos, el peyote, las semillas de la virgen y, especialmente, excelente y baratísima mariguana (en 1966 se podía comprar un kilo de dorada sin semilla por doscientos cincuenta pesos, veinte dólares, y un viaje de hongos costaba veinticinco, o sea, dos dolarucos). Por si fuera poco, en su rechazo al orden existente, los jipis se alejaban de los centros urbanos y buscaban sitios naturales de gran belleza, de preferencia ricos en alucinógenos. Así llegaron a Huautla, Real de Catorce, los Cabos, Vallarta, Yelapa, Barra de Navidad, Manzanillo, Acapulco, Puerto Escondido, Puerto Ángel, Zipolite y San José del Pacífico, además de San Cristóbal de las Casas, Oaxaca, San Miguel de Allende, Ajijic y, al menos de paso, la ciudad de México.

Esta silenciosa invasión en realidad se inició desde que Wasson publicara en *Life* su artículo sobre los hongos en 1957 (él mismo ya había empezado las expediciones fúngicas desde que se encargó de llevar a sus colegas a Huautla). Muy pronto otros investigadores emprendieron el viaje ritual a la sierra mazateca. No faltaron los periodistas, como Luis Suárez, quien escribió sobre el pueblo mágico en la revista *Siempre!*, en 1962. Por supuesto, los macizos, entonces aún conocidos como "beatniks", también se enteraron. Estos jóvenes en realidad eran miles en Estados Unidos y formaban "un vasto movimiento subterráneo que existía en forma de silenciosas y pequeñas células", como dijo Tom Wolfe. En esas épocas los alucinógenos eran muy difíciles de conseguir, y muchos, con tal de probar los hongos, se lanzaban a Huautla a pesar de las increíbles incomodidades del camino: una brecha angosta, rudimentaria, rodeada de precipicios, que en el verano, el tiempo de hongos, resultaba una prueba rudísima para cualquier vehículo; éstos tardaban de ocho a diez horas de Teotitlán a Huautla. En verdad había que hacer un gran esfuerzo para conocer la carne de Dios.

Álvaro Estrada, biógrafo de María Sabina y nativo de Huautla, cuenta que los primeros "prejipis" llegaron al pueblo en 1962. Antes ya habían estado los investigadores, pero los nuevos visitantes eran gringos jóvenes que vestían ropa de colores llamativos y huaraches, fumaban mariguana, quemaban incienso, hacían meditación y eran muy liberales en su moralidad, como el joven Estrada constató cuando una de las prejipis se encargó de darle un intenso entrenamiento sexual, primero, y de iniciarlo en los misterios de Bob Dylan, después. A partir de entonces llegaron más y más macizos gabachos que rentaban cabañas y se instalaban por periodos prolongados. Con ellos empezaron a llegar los primeros chavos mexicanos, como Carlos, un extraño negro-costeño-tarahumara, de calzón y camisa de manta, que venía a ser uno de los primeros guías de turistas sicodélicos. En 1964 el flujo de visitantes había aumentado notablemente, y muchos de los prejipis se instalaban en Puente de Fierro, un sitio paradisiaco con un río, pozas, cascadas y vegetación expansiva a unos kilómetros del pueblo. Los macizos de preferencia instalaban sus cabañas o tiendas a un lado de los sitios donde brotaban los hongos, y por supuesto se los comían, primero de noche pero después también de día, y ya no sólo en los bosques sino que de pronto ya andaban circulando como zombis por las calles principales del pueblo. También les encantaba nadar encuerados en Puente de Fierro.

En un principio, los huautlenses vieron con curiosidad a esos hombres blancos y barbados tan estrafalarios, greñudos y bigotones, pero después se acostumbraron y les causaban indiferencia. Los principales del pueblo los ignoraron porque no dejaban dinero y porque, salvo algunos casos de pesadez escandalosa, los comehongos no causaban problemas. Algunos del pueblo se hicieron amigos de ellos, les conseguían los hongos y los ayudaban a instalarse, además de que les hacían pequeños servicios. Cada vez llegaban más chavos mexicanos a probar los hongos y a instalarse en el rolaqueo de Puente de Fierro, donde se juntaban los jipis relajientos que no buscaban la soledad de las montañas sagradas del Tíbet mexicano, el segundo techo espiritual del mundo, como se le empezó a llamar a Huautla.

A fines de 1966 un periodista de *Excélsior* subió a Huautla y escribió dos reportajes sobre el pueblo, en los que informó de la presencia de unos viciosos que, en medio de whisky y mariguana, buscaban hongos y llevaban dólares para pagarlos. Un año después, Alejandro Ortiz Reza, también de *Excélsior*, siguió esa línea con más brío; en su artículo "Invasión de beatniks en Oaxaca", llamó "seres inútiles, deprimentes, inmorales y viciosos" a los macizos instalados en Huautla y

Puente de Fierro. Poco después el caricaturista Abel Quezada criticó a los jipis en uno de sus cartones, y la Secretaría de Gobernación envió a un grupo de agentes, que en septiembre de 1967 deportó a los jipis gringos y encarceló a los nacionales. A partir de ese momento, el ejército y los agentes de la Policía Judicial Federal reemplazaron a los jipis, y durante las temporadas de lluvias de 1968 a 1969 patrullaron la sierra para arrestar melenudos. Éstos, de cualquier manera, siguieron subiendo a Huautla, sólo que por otras rutas, y *a pie*, lo cual implicaba un sacrificio considerable; en tramos de diez horas al día subían la sierra para llegar a Huautla, Ayautla y Tenango (los tres grandes centros de las plantas de poder), sin que el ejército o la judicial se diesen cuenta. Sin embargo, para entonces el personal que así se arriesgaba era fundamentalmente nacional, pues los gabachos frenaron la invasión ante la perspectiva de caer en las *dreaded Mexican jails*. Muchos de los muchachos cometían el error de tomar la carretera, pero al llegar a Teotitlán eran arrestados, por lo que la cárcel del pueblo adquirió aires sicodélicos con las pinturas de hongos y signos de la paz, y con las notas de rock que alternaban con las viejas canciones rancheras y los boleros. Otros alcanzaban a tomar el autobús, pero al llegar al pueblo ya los esperaban los policías o el ejército. Ante esto, los jipis optaron por buscar nuevos paraísos sicodélicos y se desplazaron a las playas oaxaqueñas, especialmente Zipolite, donde se puso de moda la natación al desnudo. Por supuesto, hacia allá también se desplazaron el ejército y la policía.

Jipitecas

De cualquier manera, por mucho que se esforzara el aparato represivo, ya no era posible parar la rebelión sicodélica. Tanto en México como en Estados Unidos, los jipis gringos llegaron a establecer incontables contactos con jóvenes mexicanos que en general eran afines y que, a pesar de la enorme diferencia entre ambos países, compartían una profunda insatisfacción ante los asfixiantes modos de vida, que bloqueaban la expresión libre y natural. Estos chavos mexicanos se dejaron el pelo largo y probaron los ácidos, pero también emprendieron las peregrinaciones a Huautla y Real de Catorce. De vuelta a las ciudades, llevaban las plantas de poder a sus amigos. O no faltaba la chava buena onda que se hacía de amigos en Huautla, por lo que después le bajaban los hongos hasta su casa en la ciudad, de donde éstos se desparramaban en diversas direcciones.

Enrique Marroquín, sacerdote y antropólogo, autor de *La contracultura como protesta*, planteó que estos jipis mexicanos debían ser llamados "jipitecas" (jipis aztecas, jipis toltecas), para diferenciarlos de los jipis de Estados Unidos. La distinción es necesaria porque, si bien coincidieron en el gustito por los alucinógenos y en la experiencia extática, los mexicanos se identificaron con los indios, pues consciente o inconscientemente comprendieron que ellos conocían las plantas de poder desde muchos siglos antes, lo que les confería el rango de expertos y de maestros. Además, aunque muchos jipitecas eran de clase media, güeritos y de tez blanca, pronto se incorporaron a la macicez numerosos grupos de chavos prietos y pobretones, que con el pelo largo parecían indios porque prácticamente lo eran: en ellos el mestizaje se había cargado hacia el sector indígena. En un país rabiosamente racista como México era una verdadera revolución que grandes sectores de jóvenes se identificaran y se solidarizaran con los indios. Sólo durante el auge del muralismo, en los años treinta, había ocurrido algo semejante, pero en mucho menor escala, cuando grupos de intelectuales nacionalistas siguieron la moda Diego-y-Frida, y manifestaron su admiración por los indios. Pero en esa época el indigenismo estaba de moda.

Por supuesto, salvo excepciones, los jipitecas no establecieron una relación muy estrecha con los indígenas, pero jamás los vieron por encima ni trataron de manipularlos, sino que en buena medida se vistieron como ellos, pues les gustaban los huipiles, rebozos, faldones, huaraches, camisas y pantalones de manta, los jorongos, sarapes, collares y brazaletes. Admiraron sus artesanías y después las aprovecharon como punto de partida para crear un estilo especial, inconfundible, de artesanía jipiteca. También les gustaba viajar con sus alucinógenos en las pirámides de Teotihuacán, Tula, Xochicalco o Monte Albán, para estar inmersos en una atmósfera sagrada.

En las grandes ciudades, especialmente la de México, también surgieron grupos de jipitecas que viajaban y se atizaban en sus casas y deptos, decorados a base de carteles o "posters" de rocanroleros o de diseños sicodélicos. También les gustaban los mandalas y los *dharma seals* (adheribles para pegarse en ventanas o cristales cuyo diseño se encendía a trasluz); o las lamparitas de luces sicodélicas, intermitentes o giratorias. Y los móviles. Toda la atmósfera conspiraba para pasar al otro lado y ya debidamente hasta la madre salir a rolaquearla. A los que les gustaba el rock en vivo iban a los cafés cantantes de fin de la década (Schiaffarelo, A Plein Soleil, Hullaballoo), o a los clubes nocturnos con *show* rocanrolero (Veranda, Champaña a Go Go, Terraza Casino) para oír a los viejos y nuevos grupos, como Javier Bátiz y los Finks, los Dug Dugs, Peace and Love, los Tequila, los Sinners. En el Champaña a Go Go se presentaba un trío de jipis (Antonio Zepeda, Luis Urías y Mischa) que se decían patafísicos; ya de madrugada se reventaban un *show* de pachequez absoluta en el que se convulsionaban como epilépticos dostoyevsquianos mientras Bátiz y los Finks a su vez improvisaban ruidos locos. Este espectáculo se llamaba *El inconsciente colectivo*. En Acapulco los sicodélicos oían al Pájaro y Love Army en el Whiskey a Go Go. En Tijuana, a los TJs. Las jipitecas para entonces usaban minúsculas minifaldas o faldones indios o hindúes, por ningún motivo se ponían brasier y tampoco se maquillaban, ni se rasuraban las axilas o se depilaban las piernas. Los hombres usaban pantalones acampanados, chalecos de piel sobre el torso desnudo o camisas de indio. Andaban descalzos o de huarache, o sea: eran patancha, muy andados.

En 1967, el bello Parque Hundido de la ciudad de México tuvo una fugaz condición de centro jipiteca, donde los chavos se atizaban, meditaban, hacían yoga, conectaban o intercambiaban ondas, ¿ya oíste a Vanilla Fudge?, ¿ya leíste *Vida impersonal*?, ¿o *El Kybalion*? Un día se les ocurrió organizar una especie de "be-in", que en México más bien tuvo características de mitin de oposición. Se reunieron varios cientos de greñudos y oyeron los rollos de Horacio Barbarroja, de Darío el Pintor, de Gagarín el de la Lira y de Juan el de las Flores. Todos sentían que la represión estaba en el aire y procuraban no dar motivo para que los macanearan. Sin embargo, la policía no necesitaba razones y procedió a dispersarlos. Los macizos, cuya ingenuidad era proverbial, muy correctos pidieron tiempo para recoger la basura que habían tirado, y después de barrer y trapear las honduras del parque, a la voz de "All together now", la canción de los Beatles, se reagruparon en Insurgentes y marcharon, cantaron y dieron flores a peatones y automovilistas. Al llegar al Ángel de la Independencia los granaderos los recibieron a macanazos.

A partir de ese momento se incrementó la represión antijipiteca. Algunos decían que el presidente Gustavo Díaz Ordaz, alias el Mandril, detestaba a los greñudos porque su hijo Alfredito le salió mariguano y seudorrocanrolero. Había quien juraba haberlo visto en Huautla, comiendo hongos. En todo caso, las autoridades mexicanas, como antes los reporteros de *Excélsior*, mostraron una particular fobia hacia los jipiosos. Los arrestos tenían lugar sin motivo alguno, simplemente porque los agentes veían a jóvenes con el pelo largo. Los rapaban, los golpeaban, los extorsionaban y después los consignaban por "delitos contra la salud". De 1968 a 1972 la crujía Efe de la cárcel de Lecumberri acabó como la de Teotitlán: con hongos, flores, signos de la paz, murales sicodélicos y rock pesado en los altavoces del patio. Sus nuevos inquilinos eran los presos macizos, que con el tiempo fueron decenas de miles. Por supuesto, era un error grave encarcelar a los macizos, porque aunque violaban la ley al fumar mariguana y algunos la traficaban, en realidad no eran delincuentes, o lo eran de un tipo muy especial, y en todo caso requerían un tratamiento de otra naturaleza, pues en la cárcel eran expuestos a los delitos más graves y existía la posibilidad, que no se dio mucho, de que se volvieran verdaderos criminales.

Los jipitecas eran perfectamente conscientes de su rechazo al sistema y algunos de ellos también creían que podían cambiarlo a través de los alucinógenos (el lugar común: vaciar LSD en los grandes depósitos de agua de las ciudades). En tanto, había que vivir de algo. Algunos eran artistas, pintores y músicos sobre todo. Otros hacían artesanías. Unos más jipeaban a gusto con dinero que aún les daba papito. Por supuesto, había profesionistas jóvenes. Otros tenían oficios: eran mecánicos, sastres, técnicos de electrónica. O empleados. Hasta sobrecargos de aviación. Todos ejercían sus habilidades en medio de los viajes y el rocanrol. Pero otros más estaban empecinados en la hueva y la pasadez total y malvivían del taloneo (que era pedir limosna a la gente, un cualquier-cualquier) y de los demás jipis, que los alivianaban un rato y después los mandaban a volar. Esto hacía que hubiera jipitecas muy gandallas. Una buena cantidad se dedicó al dilereo: vender mariguana, ácidos, hongos, mescalina, silocibina, hashish, cocaína, velocidad, lo que fuera. Lo hacían convencidos de que llevaban el alimento para la cabeza, el vehículo para que los demás se prendieran y se les quitara lo fresa; se decían muerteros porque "mataban la personalidad chafa para que naciera el hombre nuevo", además, decían, alguien tenía que hacérlo, ¿por qué no ellos? Se lanzaban a las faldas del Popocatépetl, del Iztaccíhuatl o del Pico de Orizaba; también se internaban en las sierras oaxaqueña, guerrerense, michoacana, jalisciense, y regresaban al Deefe cargados de kilos de mariguana que revendían con excesivas ganancias. Otros se lanzaban a San Francisco y compraban ácidos de Owsley en un dólar (aunque muchas veces les regalaban el LSD) y después los revendían en cuatro. No faltaron los jipitecas que se pusieron más ambiciosos y trataron de expandirse llevando mariguana a Estados Unidos, *where the real money was*, pero acabaron en Lecumberri y realmente nunca hubo una verdadera mafia de jipis traficantes.

La forma de hablar de los jipitecas era muy sugerente, un caló que combinaba neologismos con términos de los estratos bajos, carcelarios, y se mezclaba con coloquialismos del inglés gringo, así es que se producía un auténtico espanglés: jipi, friquiar, fricaut (*freak out*), yoin (*joint*), diler (*dealer*), estón o estoncísimo (*stoned*), jai (*high*). Algunos de los términos eran totalmente nuevos (chido, irigote) o, si no, añadían nuevos sentidos a palabras existentes, pues denotaban cosas, condiciones o estados que no se conocían, o con el significado que adquirían después de la experiencia sicodélica (la onda, agarrar la onda, salirse de onda, ser buena o mala onda, el patín, las vibras, azotarse, aplatanarse, alivianarse, friquearse, prenderse, atizarse, quemar). En buena medida los sicodélicos sentían que estaban inventando el mundo y que debían volver a nombrar las cosas. Jugaban mucho con las palabras. Se decían "maestros", o "hijos", como obvio pero irónico signo de paz, amor y familiaridad, y utilizaban en abundancia las mal llamadas malas palabras, así es que, entre groserías y caló, lo que después fue llamado "lenguaje de la onda" en momentos podía ser un verdadero código para iniciados. A veces la decodificación era muy fácil, como cuando se puso de moda hablar al revés ("al vesre"), lo cual consistía en invertir las palabras bisílabas y en desplazar al final la primera sílaba de las trisílabas (johi: hijo, dope: pedo, gadachin: chingada, garroci: cigarro), pero ciertamente podía ser más hermético cuando se refería a la droga (ya sábanas, ese huato de moronga es puro guarumo y los ojetes quieren una quiniela, qué vergas, mejor llégale a esta roja sinsema del volcán, son puras coliflores, me cae que te despedorra).

Todo mundo hablaba de astrología. Lo primero que se preguntaba era "¿cuál es tu signo?", o "a que te adivino el signo". A veces no se mencionaban nombres sino que se decían cosas como "llegó la géminis con un tauro, y la capricornia se salió de onda". Los jipitecas tenían su carta astrológica y con ella querían medir con precisión su ingreso en la Era de Acuario, el eón que dejaría atrás la fe ciega de la Era de Piscis para que los misterios se revelaran. La nueva era no empezaba a funcionar a una hora exacta, aunque técnicamente se iniciaba en el 2001,

135

sino que se trataba de algo individual: había quienes "entraron" en la Era de Acuario desde el siglo diecinueve y a lo largo del veinte, y otros sin duda seguirían en la Era de Piscis ya bien avanzado el siglo veintiuno. Aparte de que veían a la astrología como una fascinante muestra de tipos sicológicos, les gustaba porque era irracional; mágica. Naturalmente, con esto se inició lo que en los ochenta y noventa fue un auge astrológico.

Algunos se reunieron para formar comunas rurales, porque tenían una elevada conciencia del deterioro ambiental en las ciudades y preferían "la onda no-esmog". De esta forma se inició la conciencia ecológica que se manifestó con fuerza en todo México a partir de los años ochenta. Los chavos querían integrarse con la naturaleza y bastarse por sí mismos para romper la enajenante dependencia al sistema; como podían, cultivaban, cosechaban sus verduras y usaban fertilizantes naturales al compás del rocanrol mientras viajaban con LSD, hongos o peyote, o fumaban mariguana (siempre fumaban mariguana), liada en cigarros, en pipas comunes o de agua, o en hookahs. Por supuesto, ellos mismos la cultivaban. No había líderes formales, aunque siempre predominaba una personalidad, y todos se quitaban la ropa a cada rato; eran muy liberales en cuanto a la fidelidad de las parejas; los niños eran un poco hijos de todos, porque se trataba de experimentar un nuevo concepto de familia. También hacían artesanías: ropa de piel o de tela colorida, objetos de chaquira, collares, pulseras, matabachas, etcétera. Casi todos se inclinaban por el vegetarianismo y el naturismo.

Las comunas jipitecas funcionaron accidentadamente durante algunos años, y en los años setenta se volvieron urbanas, pues los integrantes renunciaron al ideal de los pequeños núcleos humanos que se autoabastecen en la medida de lo posible y que crean sus propias reglas de comportamiento. Entre las más notorias se hallaba la de los chavos adinerados que se conoció como Hotel Gurdieff; la de El Vergel, en el valle de Oaxaca, capitaneada por Margarita Dalton, hermana de Roque Dalton y autora de la novela *Larga sinfonía en D*, en cuyas siglas también se lee LSD; Arcoíris, de Uruapan, y la de Huehuecóyotl en Amatlán, en las alturas de Tepoztlán, la única que no sólo logró sobrevivir hasta los años noventa sino que se volvió próspera.

LA ONDA

Durante el movimiento estudiantil de 1968 los jipitecas no parecían muy interesados en salir a manifestarse con los estudiantes. No sólo los habían golpeado la única vez que lo hicieron, sino que más bien los jipis mexicanos, como los indios, eran muy introvertidos por naturaleza, a diferencia de los estadunidenses, y no concedían gran atención a los sucesos del país. Por tanto, para ellos la militancia política no era la forma adecuada de hacer la revolución, pues para empresas de ese calibre estaban los ácidos. Además, muchos de los estudiantes no eran proclives a la contracultura. De hecho, en ese sentido el movimiento fue una típica evolución de las actividades contestatarias de la izquierda mexicana, que, debido a su entusiasmo por la revolución cubana, era sumamente latinoamericanista. Cualquier cosa que se relacionara con Estados Unidos tenía que ser un horror del imperialismo, y dejaban de ver que la contracultura era una reacción profunda, humanizante, en contra de la naturaleza imperialista, explotadora, de Estados Unidos. Para la izquierda mexicana, el rock y los jipis eran "infiltración imperialista" o una forma de "colonialismo cultural" ("colonialismo mental", le llamó Carlos Monsiváis). Por tanto, no hubo rock en el movimiento estudiantil, sino canciones de la guerra civil española y corridos de la revolución, especialmente el de Cananea.

Sin embargo, el movimiento estudiantil fue de tal magnitud que nadie en México, lo quisiera o no, se sustrajo a su influencia. En un principio el movimiento del 68 estuvo compuesto casi exclusivamente por estudiantes (a pesar de que el gobierno insistía en la aburridísima tesis de que "fuerzas extrañas de ideologías exóticas" manipulaban a los pobres estudiantes aztecotas), pero para el mes de agosto se había vuelto un gran movimiento popular que conjuntó a distintos sectores de la sociedad mexicana. Algunos jipitecas, que no eran aferrados a los dogmas de la revolución sicodélica, apoyaron al movimiento de los estudiantes y participaron en las manifestaciones, con todo y su rocanrol y mariguana. Además, muchos de los estudiantes que militaban en el movimiento también habían sido impactados por todo el revuelo de la sicodelia y, aunque no eran jipis (pues no creían en la panacea de los alucinógenos), les gustó el rock (de Beatles a Creedence), fumaron mariguana, ocasionalmente probaron hongos o LSD, se dejaron el pelo largo y, morral al hombro, se vistieron con faldas cortísimas o con chamarra, pantalones de mezclilla. De esa forma se acortaron un poco las distancias entre los jóvenes que en los sesenta querían hacer la revolución, unos dentro del individuo, otros en el mundo social. En realidad, aunque en un principio no era tan fácil advertirlo, tanto unos como otros dejaron huellas profundas en México.

El movimiento estudiantil fue aplastado inmisericordemente, con lo que de nuevo se manifestó la naturaleza autoritaria y represiva del régimen priísta mexicano, en la noche de Tlatelolco, el 2 de octubre de 1968. Los horrores de Tlatelolco, con su carga de asesinatos, desaparecidos, torturas y encarcelamientos, tuvieron efectos profundísimos en la vida del país. A partir de entonces muchos jóvenes creyeron que las vías para llevar a cabo los cambios en México tenían que ser violentas, y por eso surgió la guerrilla en el estado de Guerrero y la llamada guerrilla urbana en las grandes ciudades. Pero muchos jóvenes, que no se animaban a ir tan lejos, consciente o inconscientemente simpatizaron con la rebelión pacífica de los jipis y, sin llegar a tomar religiosamente los postulados básicos de la sicodelia, adoptaron muchos rangos de la contracultura, especialmente en el pelo, el atuendo y el lenguaje. Los jipitecas, por su parte, después de presenciar, impresionados, los sucesos del 68, también atenuaron el sectarismo sicodélico y ampliaron su conciencia social.

De esta manera se formó la onda, las manifestaciones culturales de numerosos jóvenes mexicanos que habían filtrado los planteamientos jipis a través de la durísima realidad del movimiento estudiantil. Era algo mucho más amplio, que abarcaba a chavos de pelo largo que oían rocanrol, fumaban mariguana y estaban resentidos contra el país en general por la represión antijuvenil de los últimos doce años. Se trataba de jóvenes de distintas clases sociales que, como antes en Estados Unidos, funcionaban como pequeñas células aisladas y diseminadas a lo largo del país, porque en 1969 ya había chavos de la onda en muchas ciudades, grandes y pequeñas, en México. Los alcances de este grupo sólo se pudieron apreciar en su conjunto durante el eclipse solar de 1970 y en el Festival de Avándaro de 1971. A partir del 68 se empezó a hablar de chavos de la onda y ya no tanto de jipis.

La palabra "onda" sin duda adquirió importancia medular en la contracultura mexicana. Su acepción original tiene ya los elementos como para que la palabra fuera clave entre los jóvenes mexicanos de los sesenta. Véase, si no, esta definición del diccionario: "Hay varias clases de ondas: las ondas materiales, que se propagan por vibraciones de la materia, y las *ondas electromagnéticas*, debidas a la vibración de un campo electromagnético, fuera de todo soporte material. Entre las primeras se pueden señalar a las *ondas sonoras*. Entre las segundas, están las ondas ultravioleta, la luz visible, los rayos infrarrojos y las ondas radioeléctricas".

Un jipiteca diría algo parecido: hay varias ondas, son las ondas dentro de la misma onda; algunas son materiales ("pásame esa onda") pero otras son intangibles (la Onda); en todo caso, para los chavos mexicanos de los años sesenta la onda fue energía intangible pero mesurable que funcionaba esencialmente como vía de comunicación, de interrelación que hermanaba. Por otra parte, una onda podía ser cualquier cosa, pero también un plan por realizar, un proyecto, una aventura, un estado de ánimo, una pose, un estilo, una manera de pensar e incluso una concepción del mundo. Pero agarrar la onda era sintonizarse con la frecuencia adecuada en la manera de ser, de hablar, de vestir, de comportarse ante los demás: era viajar con hongos o LSD, fumar mota y tomar cervezas; era entender, captar bien la realidad, no sólo la apariencia, llegar al meollo de los asuntos y no quedarse en la superficie; era amar el amor, la paz y la naturaleza, rechazar los valores desgastados y la hipocresía del sistema, que se condensaba en lo "fresa", la antítesis de la buena onda.

Los chavos de la onda siguieron siendo perseguidos, golpeados y encarcelados, porque nunca hubo un movimiento articulado que permitiera la cohesión de tanto joven y la defensa de sus derechos. Más o menos pudieron sentir su peso colectivo en septiembre de 1970 cuando jipitecas y onderos de todas partes se congregaron en Oaxaca para presenciar un eclipse solar total. El sitio perfecto de observación era Miahuatlán y allí se instalaron los equipos científicos, pero el personal de la onda se dispersó por los puertos del Pacífico o fue a Monte Albán, pues el eclipse fue visible en una buena franja del estado de Oaxaca. En los distintos sitios se llevaron a cabo todo tipo de rituales cósmico-acuarianos, y fue alto el consumo de alucinógenos, "para ver el eclipse hasta la madre". Así ocurrió, en medio del estrépito esotérico, y después los más de cien mil macizos regresaron muy contentos a sus casas.

AVÁNDARO

En 1971 tuvo lugar el Woodstock mexicano, el festival "de rock y ruedas" en Avándaro. El Festival de Avándaro fue organizado por Eduardo López Negrete, Luis de Llano y otros jóvenes de mucho dinero que lograron la autorización de Carlos Hank González, el gobernador del Estado de México, para llevar a cabo un día y una noche de grupos de rock que culminarían con una sesión de ¡carreras de coches! Para Gengis Hank aprobar la realización del festival fue un arriesgado juego político, pero llevaba las de ganar; si todo salía bien, él saldría beneficiado; si salía mal, podía deslindarse; pero en cualesquiera de los casos atraería la atención nacional hacia él, además de que tendría una especie de censo para saber qué tanto había crecido la inconformidad juvenil. Sólo en el caso de una catástrofe sangrienta Hank saldría perjudicado.

Los grandes grupos de rock, como Javier Bátiz y Love Army, se negaron a participar desde un principio porque los organizadores ofrecían a todos la ridícula cantidad de tres mil pesos de honorarios, menos de los que ganaban en cualquier tocada. Sin embargo, al final, lamentaron no haber ido, como le ocurrió, toda proporción guardada, a los Beatles y a los Stones por no asistir a Woodstock. Los primeros en llegar a Avándaro fueron los rocanroleros que sí aceptaron participar y que de entrada protestaron por las pésimas condiciones de trabajo y el trato prepotente de los jóvenes ejecutivos del rock, que a quejas y peticiones delicadamente respondían "si no te gusta, lárgate" o "te vas mucho a la fregada"; los organizadores creían que le hacían un inmenso favor a los grupos al permitirles tocar, ya que la noticia del festival había relampagueado entre los chavos y se esperaba una asistencia enorme, además de que las sesiones se transmitirían por radio, se grabarían en audio para producir un disco y en video para la televisión, y se filmarían para el cine (Jorge Fons, Jaime Humberto Hermosillo y el superochero Alfredo Gurrola a la cabeza de sendos equipos cinematográficos).

La gente llegó en proporciones inimaginables; eran jóvenes de todas las clases sociales, especialmente de la capital, congregados por la misma necesidad dionisiaca, listos para el inmenso pachangón que sería el festival. Al caer la tarde ya había más de cien mil asistentes. Poco después, un par de grupos echó la paloma para calentar al público, y al caer la noche el festival se inició "formalmente" con los Dug Dugs de Armando Nava, tensos aún por los problemas con los jóvenes patrones. Los Dugs descubrieron, por fortuna, que la gente respondía y que había muchas ganas de pasarla bien.

Para esas alturas, casi todos los asistentes habían consumido fuertes cantidades de distintas drogas: alucinógenas (mariguana, LSD, hongos, peyote, silocibina, mescalina), estimulantes (alcohol, cocaína y anfetaminas) y depresivas, como los barbitúricos, aunque algunos también inhalaron solventes (cemento, tíner), pero, a fin de cuentas, la mariguana y el alcohol fueron las drogas más consumidas, seguidas por las anfetaminas. Con todo, los muchachos lograron hermanarse, y en general se puede afirmar que el festival, como debía de ser, representó una fiesta dionisiaca notablemente inofensiva, si se toma en cuenta la ingestión de tanta droga y la disminución de la conciencia individual que ocurre en toda congregación de masas.

En realidad, todo habría estado muy bien de no haber sido por la pésima organización y el flagrante autoritarismo que se tradujo en numerosos problemas: fallas de los instrumentos, de amplificadores, de los micrófonos y de las bocinas. Esto se unió al hecho de que se planeó muy mal el espacio para el público: los que no podían ver bien, que eran muchos, empujaban a los de adelante y acabaron derribando las cercas que protegían el escenario; claro, las incomodidades menudearon. Además, una bola de locos tomó por asalto las torres de alta tensión, a pesar de la obvia peligrosidad, y no bajó de allí por más insistencias, primero, y amenazas, después. "Si no se bajan de las torres", gritaba frenético un animador, "vamos a suspender el festival." Ante esto, los que sí veían bien se pusieron furiosos: cómo de que iban a parar todo si estaba tan padre. Empezaron los chiflidos, las mentadas de madre, y una lata salió volando hacia el escenario y le abrió la cabeza al requinto de White Ink.

Sin embargo, los grupos, con fallas y todo, pudieron tocarle a un público que constituía un formidable espectáculo en sí mismo. El Epílogo y la División del Norte precedieron a los Tequila, que prendió fuerte al personal Peace and Love, por consenso general, fue de lo mejor del festival. Pero las fallas de equipo arreciaron con El Ritual y un cortocircuito trajo la oscuridad total cuando tocaban los Yaqui. Fuera del relajo inevitable, y de que algunos pasados se caían en las infectas zanjas que hacían de "sanitarios", el festival siguió con luces de emergencia y con toda la gente en la cúspide de la intoxicación.

A las dos de la mañana el espectáculo lo dio una jovencita que, en una plataforma, se quitó la ropa al bailar, "¡mira, hijo, una encuerada!", dijeron todos, y los reflectores la encontraron. "¡Déjenla, déjenla!", se oía por doquier. "¿Andabas pacheca cuando te encueraste en Avándaro?", le preguntó, después, la revista *Piedra Rodante*. "No sabes, maestro", contestó la chava, Alma Rosa González, entonces de dieciséis años. "Unos chavos primero me pasaron el huato de pastas. A mí no me gustan esas madres, pero, como no había otra cosa, me las empujé con media botella de Presidente. Uy, me puse hasta el gorro bien rápido. Luego me dijeron que unos tiras andaban rolando pitos, y de volada les pedimos. Me puse hasta la madre, loquísima, tú sabes, bien cruzada. Creo que me puse a bailar cuando se puso a tocar El Epílogo. No me dejé ni pantaleta ni nada, todita me desnudé. Uta, luego luego me llovieron los toques,

146

hasta me aventaron un aceite, un purple haze. Pero no le llegué. También estaba allí el apoderado de Manolo Martínez y traía un garrafón de tequila chanchísimo, y me lo estaba pasando, así es que me puse todavía más loca." "¿Chupas mucho?" "Nel, no me gusta empedarme, pero esa vez sí tomé muchísimo." "¿En verdad eres muy maciza?" "Simón. Por lo regular ando bien pastel." "¿Qué otras cosas te has metido?" "De tocho cuate, de tocho, menos hongos. Fíjate que una vez me dieron un arponazo, pero nel, guacarié todo el día."

Llovió en la madrugada y así continuó hasta el amanecer, cuando tocaba El Amor. A las ocho, para terminar, porque todo el equipo de sonido se derrumbó media hora después, Three Souls in my Mind logró el milagro de revivir y reencender a la muchedumbre, más de doscientos mil asistentes. A pesar de la lluvia, las fallas y la organización, todos los viajes aterrizaron y el público acabó de lo más contento. Habían vivido un milagro. Muchos de los jóvenes recorrieron más de setenta kilómetros a pie cantando, por todo el camino, "mari… mari-gua-na, mari… mari-guaaaa-na".

Al día siguiente la prensa al unísono condenó al Festival de Avándaro en tonos escandalizados. Se dijo que fue "una colosal orgía". "4 muertos", publicó *El Heraldo de México*, "224 casos de intoxicados, quemados, atropellados, fracturados y heridos; casas, autos y tiendas asaltadas; la destrucción de árboles, sembradíos y líneas telefónicas es el saldo del festival." En realidad los muertos fallecieron lejos de allí, sin la más mínima relación con el festival, y no hubo robos, ni asaltos, ni pleitos, ni devastación más allá de la basura que dejaron los participantes. En cambio, días después, en las fiestas patrias del 15 de septiembre, según cifras oficiales, hubo veintiún muertos, seiscientos sesenta y cinco heridos y doscientos setenta y cinco arrestados, cuando en Avándaro, con todo y el impresionante consumo de droga, de la natación al desnudo y la liberalidad moral, no hubo muertos, heridos o arrestados, y allí estuvieron todo el tiempo el ejército y la Policía Judicial Federal. Sin embargo, mientras los muchachos se enorgullecían de su civilidad, Avándaro unió a México en su contra. Funcionarios, empresarios, comerciantes, profesionistas, asociaciones civiles y medios de difusión, además de las izquierdas y los intelectuales, condenaron a los chavos que compartieron la noche de su vida.

El que no se midió fue Carlos Monsiváis, quien, desde Essex, Inglaterra, envió una indignada carta al periódico *Excélsior*: "Las mismas gentes que no protestaron por el 10 de junio enloquecidas porque se sentían gringos... Si lo que nos une es el deseo de ser extranjeros estamos viviendo en el aire. ¿Qué es la Nación de Avándaro? Grupos que cantan, en un idioma que no es el suyo, canciones inocuas... Pelo largo y astrología, pero no lecturas y confrontación crítica... Es uno de los grandes momentos del colonialismo mental en el Tercer Mundo". Además de la intolerancia, la reducción de un fenómeno complejo a un mero mimetismo desnacionalizador reflejaba que Monsiváis se quedaba en la fachada y no podía ver, como antes los izquierdistas, que Avándaro no fue un acto de acarreados para echarle porras al gobierno o al MURO, sino una impresionante, significativa, manifestación de contracultura que, naturalmente, tuvo repercusiones políticas; tan fue así que se le satanizó al instante y el gobierno apretó la represión contra todo tipo de evento rocanrolero; a partir de ese momento hubo numerosas ocasiones en las que los granaderos o el ejército tendieron trampas a los chavos que iban a conciertos de rock que nunca se realizaron. Acusar, además, a los chavos de la onda de "sentirse gringos" y de "desear ser extranjeros" era como cuando se decía que los viejos comunistas mexicanos se sentían rusos y "deseaban ser extranjeros". Por si fuera poco, quizá más para mal que para bien, Avándaro fue mexicanísimo: no sólo ondeó una bandera nacional (que en vez del águila y la serpiente tenía un signo de la paz), sino que allí hicieron su aparición los chavos que después el mismo Monsiváis, en un arranque de inspiración, llamó "la naquiza", quienes echaron un tipo de relajo que jamás podría tener lugar en Estados Unidos. Eran chavos morenos que con el pelo largo parecían indios con todas las de la ley. "Recuerdo una fotografía aparecida en *Piedra Rodante*", escribió Enrique Marroquín, "un verdadero indio, de tórax moreno y larga cabellera, sobre un caballo. Esto fue Avándaro... Recordemos los festivales aztecas en las explanadas de las pirámides, en los que miles de asistentes cantaban y danzaban." Monsiváis, en cambio, veía La Gran Desnacionalización. Don Carlos volvió al tema en su libro *Amor perdido* y, al igual que en su parte de la *Historia general de México*, matices más matices menos, de nuevo descalificó a la onda por desnacionalizada, imitativa y apolítica. Qué país.

Si se permitió el festival para medir la fuerza de la contracultura en nuestro país, los resultados no gustaron a nadie, y el sistema se cerró más que nunca para impedir que prosperaran los movimientos contraculturales. La onda fue satanizada a tal punto que los jóvenes de clase media desertaron de ella y al final sólo los más pobres y marginados continuaron dándose el toque (que después fue reemplazado por cemento, tíner y alcohol), siempre fieles al rock mexicano, que también se marginó a extremos increíbles: se le cerraron las grabadoras, la radio, la televisión y la gran prensa, que cuando hablaba de los roqueros mexicanos lo hacía en un horrendo tono despreciativo. Como no había nada mejor, todos los grupos se tuvieron que recluir en los hoyos fonquis, que funcionaron a lo largo de los setenta. Eran galerones en desuso o teatros que pedían a gritos una manita de gato y que muchas veces no tenían ni las mínimas condiciones de higiene y consideración al público. Los empresarios por supuesto cobraban lo más que podían y pagaban una miseria, además de que los judiciales siempre andaban listos para el atraco. De cualquier manera, los chavos se hacinaban allí, como el metro en la estación Pino Suárez a horas pico; algunos trataban de bailar pero todo era tan incómodo que se armaban desmadres de proporciones gigantescas. Los asistentes eran muchachos de los barrios más pobres de una ciudad de México que crecía demencialmente.

Todo esto acabó con la onda. Con el derrumbe de los mitos de convergencia, a mediados de la década el panorama cambiaría y los nuevos signos de los tiempos resultarían mucho más escalofriantes. Pero mientras duró naturalmente fue muy buena onda, y hubo muchos que la vivieron a fondo, a veces con todo y su viaje lateral a las cárceles.

SIQUIATRÍA SICODÉLICA

Pero antes, los alucinógenos hicieron famoso a un siquiatra. Entre 1968 y 1972, Salvador Roquet tuvo un gran éxito con sus terapias sicodélicas que atrajeron a muchos jipis-al-borde-del-truene, a gente rica y a actrices de moda. Roquet tenía cerca de cincuenta años cuando vivió el estrellato sicodélico. Después de sus años de práctica siquiátrica se coló en el gobierno y era alto funcionario del ISSSTE cuando, como a Ken Kesey, le avisaron que podía enrolarse como voluntario para experimentar drogas alucinogénicas en el sanatorio siquiátrico "Ramírez Moreno". Roquet lo hizo y la experiencia resultó crucial. "Estoy sintiendo la añoranza de lo no vivido", se dio cuenta durante el viaje. Por supuesto, la cuestión alucinogénica lo apasionó. Leyó *Los hongos alucinógenos*, de Roger Heim, y eso lo hizo visitar Huautla y formar un grupo de investigadores para estudiar los hongos. Según Roquet, entre los logros del grupo se contó el hallazgo de las semillas *popus yai*, que suspenden los efectos sicóticos de las plantas de poder y que después fueron empleadas con éxito por Francisco Rullón, en Tabasco, para contrarrestar la esquizofrenia. Roquet aseguraba que le impresionaron especialmente las semillas de la *datura ceratocaulum* (*manchu pai* en mixe), hermanas de la *datura inoxia* o toloache. El efecto de esta planta es mucho más fuerte que el del ololiuhqui, y en viaje desintegra la personalidad y luego la rehace.

Roquet siguió ese proceso para desarrollar su técnica de la "sicosíntesis", una deformación del principio zen de llevar al discípulo a un estado de absoluta confusión, sin nada en que asirse, para que vacíe su mente y se ilumine. La sicosíntesis consistía en usar LSD, ololiuhqui, peyote, mescalina, hongos, silocibina y ketamina combinados con intensos estímulos para que el paciente "tronara", se volviera loco temporalmente; su mente se desintegraba y después, al recomponerla, se forjaba una personalidad nueva e integrada. Los estímulos en cuestión hacían que las sesiones de Roquet fuera un *show* sicodélico-tecnológico-conductista-freudiano. Una vez a la semana el siquiatra reunía a cerca de veinte pacientes y les daba distintos alucinógenos; en lo que les prendía el viaje iba induciéndolos con música, luces intermitentes, estroboscopios y proyecciones de transparencias y películas que iban de *Cuando los hijos se van* a pornografía tres equis. Cuando llegaban a lo más alto del viaje los pacientes escuchaban sus propias grabaciones, o les leía cartas íntimas, documentos en los que revelaban sus secretos más dolorosos. También les montaba sicodramas. En todo el viaje, Roquet permanecía distante, sin hacer caso a los loquitos que le pedían ayuda o a las nenas que lo reverenciaban como a Urbain Grandier, Ambrosio, Medardo o Fray Servando. A veces incluso los rechazaba ásperamente. Para que los pacientes en verdad llegaran a la locura, los bombardeaba con transparencias tremendistas, *pre-gore*, y con documentales de atrocidades nazis combinadas con música infernal. También cometía la extrema crueldad de leerles ¡informes presidenciales! Cuando la gente había tronado por completo los ponía a descansar, y después venía la fase final de la reintegración.

Roquet no tenía empacho en exprimir los jugos de la sicodelia, pero, eso sí, era antijipi; él también desaprobaba las "autoexperiencias", que los jóvenes viajaran por su cuenta y riesgo; según él se quedaban en las fantasías, en la pasividad, el aislamiento, la violencia, la autodestructividad y lo negativo. El jipiteca se autoengañaba; sus conceptos de Dios, amor y paz eran seudovalores, distorsiones. Era dependiente, poseso; estaba poseído por el diablo y "el diablo es placer externo alucinante o dionisiaco", definía. Por cierto, Roquet también consideraba que la prostitución era en sí destructiva y que "el homosexual no sabe en la trampa en que está metido: la dependencia lo hace homosexual". Roquet siguió sus sesiones "sicosintéticas" y ciertamente obtuvo muy buenos ingresos; sin embargo, cuando menos se lo esperaba, la policía judicial decidió arrestarlo, así es que pasó varios años en la cárcel de Lecumberri a mediados de los años setenta.

REVISTAS Y CRÍTICA

Las aventuras de *witch* doctor Roquet fueron reportadas con detalle por la revista *Piedra Rodante*, dirigida por el publicista y después terapeuta junguiano Manuel Aceves, que bien pronto se diferenció de la publicación matriz estadunidense y se hizo mexicanísima, con una planta de colaboradores que incluía a Parménides Gar-

cía Saldaña, el sacerdote Enrique Marroquín, Óscar Sarquiz, Juan Tovar, Luis González Reimann, Jesús Luis
Benítez, el Búker (autor de la columna "De tocho un
pocho") y Raúl Prieto como eminencia gris (quien de
Nikito Nipongo pasó a Doctor Keniké con su columna
"Chochos, hachas y arponazos"). *La Piedra*, como fue
conocida, siempre tuvo una factura muy profesional y
pasó del tamaño tabloide al clásico de las revistas, como
Política o *Time*, fue pionera de la apertura sexual (su
sección "Las chavas y el catre" fue un acontecimiento periodístico) y del empleo de las "malas palabras"
(lo cual eran chingaderas porque se veían muy ojete),
además de que cubrió con eficacia el 10 de junio y el
Festival de Avándaro; también llevó a cabo provocacio-
nes publicitarias muy divertidas, como su célebre anuncio de las maquinitas para hacer cigarros, que Aceves
presentó como "Chanchomona, la primera minifábri-
ca de pitos", con el eslogan "Presta pa la orquesta", o
el irreverentísimo anuncio de ropa en que un modelo
que sugería a Emiliano Zapata proclamaba: "Esto dice
el gran jefe guerrillero: ¡moda y libertad!" Carlos Monsiváis se puso furioso por esta falta de respeto. Fuera
de estas discutibles desmitificaciones, *La Piedra* se ade-
lantó a su "tiempo mexicano", su calidad era insólita en
el medio del rock y, como era de esperarse, fue objeto de una fuerte campaña en contra a cargo de Jacobo
Zabludovsky (vía *24 horas*), Roberto Blanco Moheno

(revista *Siempre!*) y, por supuesto, de la Secretaría de Gobernación, que acosó y presionó a Aceves hasta que éste, aterrado, decidió ya no sacar el número nueve y la revista desapareció a fines de 1971. Lástima, porque era excelente, aunque Aceves iba que volaba a convertirse en el gran empresario de los macizos, un Bill Graham o Jann Wenner mexicano; para empezar, ya había institucionalizado el pago de colaboraciones con discos, ya que éstos los ponía la tienda Yoko, que estaba asociada con *La Piedra* y se encontraba casi enfrente, en la calle de Génova, el corazón de la zona rosa.

Por allí cerca estaban las oficinas de *Zona Rosa*, una publicación que si no era contracultura cuando menos presentaba algo menos convencional y de una fresez menos obvia. La que sí fue muy buena onda, aunque de vida excesivamente fugaz, fue la revista *Yerba*, que editaba Ariel Rosales; era mucho menos formal que *La Piedra* y más maciza, como se ostentaba desde el nombre. Esto fue lo mejorcito que hubo en publicaciones en esa época. Antes, el panorama era patético: en *México Canta*, *of all places*, la onda se ponía buena con Carlos Baca y Alberto Macías, que eran muy macizos y les gustaba el buen rock. En *Pop* (que dirigía Jorge Blanco Labra, presleyómano furibundo), una revista de rock fresa, y en *El Heraldo de México* (a cargo de Guillermo Vázquez Villalobos) lo bueno eran las loqueras de Parménides García Saldaña (como la increíble entrevista a los Lettermen) y los textos y fotos de Valentín Galas, dos rodantes muy pesados. En el suplemento de espectáculos de *El Heraldo* también escribía Juan Tovar, quien con José Agustín publicó unas "Antologías de rock" con versiones bilingües de rolas de Dylan, Beatles, Stones, Leonard Cohen, los Doors, Jefferson Airplane, Procol Harum y varios grandes rocanroleros más. En un ámbito más universitario, Luis González Reimann y Dalibor Soldatic comenzaron a escribir sobre rock hacia 1967. Óscar Sarquiz lo hizo un poco después. Yo empecé en 1965 en *Claudia de México* y le seguí en *El Día* y *El Heraldo*. Algunos creíamos que urgía hacer ver a los nuevos grupos la necesidad de que compusieran material propio, original, y por supuesto en español. Sólo así podrían expresar la problemática de los jóvenes en México y constituir un verdadero rock nacional. Los grupos proliferaban a principios de los sesenta, especialmente en la ciudad de México, Guadalajara, Monterrey y la ruta del Piporro: de Tijuana a Ciudad Juárez, de Ciudad Juárez a Laredo, de Laredo a Matamoros, sin olvidar a Reynosa.

Teatro, cine y televisión

La contracultura también se dio en el teatro, vía Alejandro Jodorowsky, primero con los "efímeros" y después con las puestas en escena de *Zaratustra* y *El juego que*

todos jugamos. Raúl Ruiz realizó un espléndido monta-
je de *Cuál es la onda*, de José Agustín, y Julio Castillo
hizo época con su debut teatral, *El cementerio de auto-
móviles*, de Arrabal, en la que establecía una simbiosis
entre Cristo y el Che Guevara, como en *La muerte del
Che*, un cuadro de la época de Augusto Ramírez. Un
director teatral plenamente de la onda fue Abraham
Oceransky con sus escenificaciones de *Conejo blanco*,
basado en Lewis Carroll, y *Simio*, vagamente inspirado
en *Mono*, el clásico chino de Wu Ch'êng-ên, ya en los
setenta. Vinieron después *Octubre terminó hace mucho
tiempo*, de Pilar Campesino, y *Círculo vicioso*, de José
Agustín, ambas con severos problemas de censura.

En el cine también hubo muestras de contracultura:
Alejandro Jodorowsky friquió al personal con *Fando y
Lis*, de su héroe Arrabal, y especialmente con *El topo*,
su western místico-pánico. También, toda autoindul-
gencia aparte, se pueden mencionar los mejores momentos de *Cinco de chocolate y uno de fresa*, de Carlos
Velo, de *Ya sé quién eres (te he estado observando)*, de
José Agustín, y de *La verdadera vocación de Magdalena*, de Jaime Humberto Hermosillo, las tres con Angélica María. También hubo programas de televisión
francamente anticonvencionales y rocanroleros, como
1,2,3,4,5, a gogó, de Alejandro Jodorowsky, Alfonso
Arau y Fernando Ge; y *Happenings*, de José Agustín y
Fernando Ge. Pero donde la contracultura se dio ple-

namente fue en el cine en súper ocho milímetros, que en la primera mitad de los años setenta entusiasmó a los jóvenes por sus bajos costos y porque evadía la censura; por ese motivo, a través del súper ocho vimos un México distinto, más verdadero para bien o para mal. Sergio García, Héctor Abadie, Gabriel Retes, Alfredo Gurrola y Rafael Montero hicieron películas que serían inexplicables sin la contracultura de los sesenta. La producción más sobresaliente fue *Avándaro*, de Alfredo Gurrola, que se exhibió mucho en los circuitos universitarios, culturales y rocanroleros.

LITERATURA Y CONTRACULTURA

La literatura sobre jóvenes ha existido desde siempre, pero por lo general han sido los adultos los que rememoran sus años de crecimiento; esto le da un carácter evocativo y la carga de elementos propios del mundo adulto. Se dice que ningún escritor resiste contar, de una manera u otra, su niñez o su adolescencia, así es que estos temas son abundantes. Sin embargo, en los años sesenta surgió en México una literatura sobre jóvenes escrita desde la juventud misma, lo cual se tradujo, en los mejores casos, en autenticidad, frescura, humor, antisolemnidad, irreverencia, ironía. Significó también un concepto distinto de literatura, pues la densidad literaria se daba a través del uso de un lenguaje coloquial y de numerosos juegos de palabras, de invención y declinación de términos, y, sobre todas las cosas, en un uso estratégico de elementos de la realidad cotidiana combinado con situaciones y personajes enteramente ficticios e incluso improbables desde un patrón realista. Éste fue uno de los grandes hallazgos de esta nueva literatura, pero también uno de sus máximos peligros, pues la intensa naturalidad que producía daba la impresión a lectores poco atentos o prejuiciados de que se trataba de una imitación de la realidad, algo sociológico o antropológico en el mejor de los casos, una "taquigrafía de la realidad".

La primera novela sobre jóvenes fue *Colonia Roma* (1960), de Augusto Sierra, una novela horriblemente moralista sobre las pandillas juveniles de fines de los cincuenta. Después siguió *La tumba* (1964), de José Agustín, y *Cuando los perros viajan a Cuernavaca* (1965), de Jesús Camacho Morelos, que son de atmósfera existencialista-beatnik. Vinieron a continuación *Gazapo* (1965), de Gustavo Sainz, y *De perfil* (1966) e *Inventando que sueño* (1968), de José Agustín. Estos dos autores iniciaron un *boom* de literatura juvenil en México, pues, además de *Los juegos* (1967), de René Avilés Fabila, en 1966 la Editorial Diógenes abrió la serie de autobiografías de autores menores de treinta y tres años y en 1967 un concurso de primera novela del que salieron *Pasto verde* (1968), de Parménides García

Saldaña (quien en 1970 publicó *El rey criollo*). *Larga sinfonía en D*, de Margarita Dalton, *En caso de duda*, de Orlando Ortiz, y *Los hijos del polvo*, de Manuel Farill. Más tarde apareció *Acto propiciatorio* (1969), de Héctor Manjarrez (*Lapsus*, en 1970). En 1973 se publicó *Las jiras*, de Federico Arana. Todas estas novelas de una manera u otra se hallaban relacionadas con la contracultura.

En 1969 Margo Glantz se lanzó al abordaje de un proyecto de Xavier del Campo y publicó la antología *Literatura joven de México*, que ante su éxito, se reeditó, con varios autores más, como *Onda y escritura en México*. En ambas ediciones, Glantz dividió el mapa de la literatura mexicana en dos grandes categorías irreconciliables: la onda y la escritura. Esta última era la buena, la decente, la culta, la artística, la que había que escribir, alentar y premiar; la onda era lo grosero, vulgar, la inconciencia de lo que se hacía, lo fugaz y perecedero, jóvenes, drogas, sexo y rocanrol. Con semejante reductivismo la doctora Glantz mandó a la onda al museo de los horrores y propició que el Establishment cultural condenara, satanizara y saboteara esa literatura.

PROTAGONISTAS

Entre los personajes de la contracultura de los sesenta habría que anotar al director teatral Alejandro Jodorowsky, quien montó teatro y cine, hizo cómics, televisión y se divirtió como enano chileno mientras vivió en México; al escritor Parménides García Saldaña, el único y verdadero patriarca de la onda en México; con él va Jesús Luis Benítez, el Búker, escritor jipiteca, quien, como el Par, murió muy joven a consecuencia del reventón. Cerca andaba el fotógrafo Ricardo Vinós. Y Juan Tovar, dramaturgo y narrador, pero él pintó su raya desde 1972 y se convirtió al nietzscheanismo. Por allí no le dio a Elsa Cross, poeta budista, quien también vivió la experiencia sicodélica, al igual que Óscar Villegas Borbolla, dramaturgo, mejor conocido como el Marvilo. También Manuel Aceves, editor de *Piedra Rodante*, y Enrique Marroquín, autor de *La contracultura como protesta* (en realidad el libro se llamaba *El mito xipiteca*, pero la editorial Joaquín Mortiz por cambiarle el título salió con un horror redundante), de quien se decía que daba misas en peyote o en hongos (pero no era cierto). También los escritores Federico Arana, Margarita Dalton, Héctor Manjarrez, Vilma Fuentes, Javier Molina, David Huerta; los directores de teatro Julio Castillo, Abraham Oceransky y Mario Alcántara, y un bonche de actores, como Juan Ferrara, Ofelia Medina, July Furlong, Macaria, Helena Rojo, Arsenio Campos, Carlos Valero, Cora Cardona, Rosa Conroy, Margarita Bermúdez; el pintor Augusto Ramírez y la astróloga Hilda Ramírez; el doctor Salvador Roquet, el doctor Carlos Díaz; el mesías Javier Solano, gran introductor de

LSD; el compositor y cantante Salvador Rojo, quien con Allan Trumblay formaba Los Dos; rocanroleros: Fito de la Parra, Javier Bátiz, Armando Nava, Mayita Campos, Norma Valdés, Baby Bátiz, Héctor Martínez, Micky Salas, Armando Molina; el transísima empresario Mario Olmos y Alfonso Arau, quien formó el grupo de guacarrock los Tepetatles; los cineastas Gabriel Retes, Rafael Montero y Sergio García; Pancho Villa, afamado conecte; Ariel Rosales, editor de *Yerba*, y Fausto Rosales, su hermano, editor mexicano de Carlos Castaneda; Carlos Baca y Alberto Macías, periodistas roqueros; Teresa Ulloa, bruja poderosa; el gurú Estrada, el maestro de zen Ejo Takata y Horacio Salinas, quien, como Sergio Mondragón, se fue a Japón; los críticos de rock Óscar Sarquiz, Luis González Reimann y Dalibor Soldatic; Armando Labra, el fotógrafo Valentín Galas, la bella Lucrecia Bermúdez, Víctor Fosado, con todo y las Musas; Cristina Bremer, Ricardo Montejano, Gabriel Weiss, hijo de Leonora Carrington, y el doctor Benjamín Domínguez, mejor conocido como El Primer Jipi Mexicano. En Acapulco eran célebres el Yipi y Filiberto Delgado, alias Ricardo el Flaco; y en Guanajuato, Rafael Meza Galván, el Pupi. Por supuesto, los mencionados son sólo algunos de los protagonistas de la contracultara de los sesenta; sin duda hubo muchísimos más en todo México.

6. El lado oscuro de la luna

Hacia 1974 se habló, con una insistencia que más parecía campaña, de la muerte del rock. Naturalmente se trataba de un *wishful thinking* o del viejo truco de ver si al decir una cosa ésta se volvía realidad. Lo que sí resultó claro fue que había quedado atrás una fase de la contracultura, la romántica, paz-y-amor, de los sesenta. Los nuevos tiempos venían especialmente oscuros. Algunos, pocos, de los que circularon en la onda o que de plano fueron jipitecas de alguna manera se las arreglaron para conservar sus ideas, lo era relativamente fácil en el lado espiritual, pero la mayor parte se integró en el sistema, aunque nunca dejó el gusto por el rock, al menos el de los sesenta, y ocasional o consuetudinariamente, se daba sus toques.

Todo indicaba que las premisas esenciales de la contracultura habían sido notablemente epidérmicas (Juan

165

Villoro lo ejemplifica con el ex sesentero que sin darse cuenta tararea "Satisfacción" al hacer cuentas con su calculadora portátil), y en buena medida lo fueron, pero, sin embargo, quedó un desencanto y una desconfianza hacia el sistema en general; se aceptaba, pero nadie se creía ya los viejos mitos. Se dijo entonces que las utopías habían muerto, lo cual demostraba su inoperancia. Es verdad que la revolución sicodélica era una franca utopía, y en México después de 1968 no se la tragaron muchos, pero lo importante era el mito en que convergían todos porque le daba un sentido trascendente a la vida; lo importante eran los ideales, la exploración de la mente y el señalamiento de una realidad cultural que requería corregirse.

No se decía, además, que el sistema había cerrado filas contra las rebeliones estudiantiles y la contracultura, así es que las esperanzas de un mundo mejor en el individuo, en la sociedad y la naturaleza no murieron por causas naturales sino que fueron aplastadas después de una guerra intensa, sucia y desigual. Los grupos dominantes, políticos y financieros, programaron una contrarrevolución cultural a través de la satanización de las drogas, la mitificación del narcotráfico como villano internacional, el amarillismo sobre el sida, la identificación del comunismo como terrorismo y del terrorismo como manifestación del demonio. Ya todo se había consumado. No tenía caso rebelarse, había que entrarle al juego con todo y sus inconcebibles reglas, la llamada economía de mercado o neoliberalismo, y aceptar la manipulación de los derechos, la disminución de las libertades, el aumento de la represión y la intimidación, y el avance incontenible de la miseria moral y material.

Todo esto significó un oscurecimiento paulatino de los estados de ánimo. En el rock de los sesenta primero cobraron fuerza corrientes aparentemente antitéticas, pero oscuras, como el rock progresivo y el metal pesado, que por supuesto representaban las tendencias más desarrolladas y las más viscerales entre los jóvenes (en México, también una distinción de clase) pero éstas fueron hechas a un lado brutalmente con el surgimiento del rock punk.

A principios de los sesenta, el seudopintor Malcolm McLaren dirigió a los New York Dolls en Nueva York y después regresó a Londres, donde abrió Sex, una tienda de antimoda y de ropa de piel para sadomasoquistas. Juan Villoro reporta que Sex vendía "lentes ahumados de soldador, aretes de chatarra, tintes para teñir el pelo de rojo, azul, verde o anaranjado, alfileres de seguridad que simulaban atravesar la mejilla, chamarras rasgadas, botones que decían 'si sientes que alguien te sigue no es que estés paranoico, sino que ya saben quién eres' y camisetas que parecían recién lavadas en una alcantarilla". La boutique de pronto se llenó de chavos jodidos que allí se sentían a gusto y se puso de moda. Desde que dirigió a los Dolls, McLaren había planeado crear un grupo de rock que diera forma a sus fantasías, así es que pronto reunió al jovencito John Lydon, un asiduo de Sex famoso por ojete, con Glen Matlock, uno de sus empleados que tocaba el bajo con otros dos rocanroleros y que andaba en busca de un cantante para formar un grupo. Lydon jamás había cantado, pero eso era lo de menos, así es que se transformó en Johnny Rotten, y el grupo, que McLaren bautizó como los Sex Pistols, empezó a cobrar rápida notoriedad por ruidoso y por el salvajismo, la violencia, las atrocidades y asquerosidades que hacían en escena.

Ante este éxito surgieron nuevos grupos, como The Clash y The Damned, que siguieron en la línea durísima de los Pistols y tuvieron grandes éxitos de ventas a pesar de que sus discos eran prohibidos en la radio y de que el medio de los espectáculos les tenía pavor. Este éxito comercial resultó paradójico porque, al igual que los rocanroleros gringos los Ramones, Talking Heads, Patti Smith y Television (que apenas un año antes habían empezado a tocar en el CBGB de Nueva York), los nuevos grupos ingleses creían que el rock había caído en la absoluta decadencia y corrupción. Las costosísimas grandes producciones de algunos grupos prestigiados les parecía una vil comercialización, y por tanto optaron por un rock desnudo, básico, rápido, violento y agresivo, sin adornos, sin solos, tan pelón que el de

Creedence Clearwater parecía sinfónico, con delgadísimas líneas melódicas y letras demoledoras, como cuando Rotten cantó los famosos versos: "No hay futuro... Cuando no hay futuro, ¿cómo puede haber pecado?" en la rola "Dios salve a la reina". Por lo general las canciones eran breves y explosivas. En cierta forma recordaban un poco los rocanrolitos de los cincuenta, sólo que sin candor ni humor y con una visión bárbara de la vida. Los antecedentes de este rock fueron los pequeños grupos gringos de garage de mediados de los sesenta, como ? and the Mysterians (los de "Noventa y seis lágrimas") o Count Five ("Reacción sicótica") y, después, los Stooges, MC-5 o los New York Dolls.

A esta nueva corriente se le llamó rock punk. La palabra *punk* es un coloquialismo de viejo uso, sumamente derogativo, que indica a una persona que se comporta como marrano, un ojete y gandalla, bueno para nada, desconfiable y agresivo; o algo que no sirve, de pésima calidad, por lo que rock punk quiere decir "rock ojete" o "rock chafa". Una de las primeras veces que la palabra punk apareció en la música fue en "Dear officer Krupke", de *West Side Story*, el refrito de Romeo y Julieta entre pandillas juveniles de Nueva York; después la utilizaron los Who en la canción "The godfather and the punk" de su ópera rock *Quadrophenia* de 1973. En ese año se le oyó también al viejo Mott the Hoople en su éxito "Wizz kid".

Los máximos representantes del punk sin duda fueron los Sex Pistols, a los que poco después se agregó Sid Vicious, antihéroe que acabó apuñalando a su novia Nancy y que después murió en un pasón de heroína. En medio de un extraordinario éxito de ventas, los Pistols fueron boicoteados duramente por la industria musical de Inglaterra, tuvieron que salir de gira y acabaron disolviéndose en Estados Unidos. En los ochenta Johnny Lydon dejó de ser Rotten y formó Public Image Ltd. The Clash también fue un grupo exitoso, al igual que los Buzzcocks y The Damned, que precedieron la aparición posterior de Joy Division, Siouxsie and the Banshees y otros punks ilustres. La virulencia inicial del rock punk fue tan intensa que no podía durar, así es que se diluyó en lo que se llamó *new wave*, otra nueva ola, algo mucho más amplio que abarcó a numerosas bandas inglesas y estadunidenses. Sin embargo, en los ochenta el punk revivió con nuevos bríos entre chavos de línea dura tanto en Inglaterra como en Europa y el Gabacho, especialmente en la costa oeste. Surgieron incontables grupos que tocaban un punk más ruidoso, más lépero, más duro y rápido, con letras cada vez más terribles; además, el rock punk se abrió a numerosos subgéneros y fusiones, y a principio de los noventa procreó el grunge.

Los grupos punk fueron popularísimos en Inglaterra porque expresaron notablemente bien el estado de ánimo de incontables jóvenes pobres, proletarios, francamente asqueados de los mitos y los espejismos del sistema. Su desencanto era abismal y abarcaba todo: familia, religión, escuelas, instituciones, gobierno; el rechazo llevaba a los punks a inclinarse por muchas cosas que la sociedad consideraba repugnante, destructivo o tabú. Esto ya lo habían hecho los jipis, pero los primeros punks eran mucho más gruesos y desde un principio mostraron una radicalidad que despreciaba la muerte. Su droga favorita fue la heroína, junto con alcohol y todo tipo de fármacos: anfetaminas y barbitúricos en especial. Nada de alucinógenos ni mariguana. Primero se vestían con ropa de piel y las mujeres en la moda del sadomasoquismo y de la Mujer Fatal; usaban los cabellos cortísimos y pintados de colores; después vinieron las cabezas con largas puntas, mucho maquillaje en las mujeres, collares de perro, aretes, zapatos puntiagudos y demás.

Como se ve, en los setenta todo se fue al extremo opuesto, porque si bien los punks se cagaban en el mundo entero, detestaban especialmente a la generación anterior, a los jipis y los grupos sesenteros, especialmente a los Beatles, los Rolling Stones y al pobrecito de Donovan. Si antes se hablaba de amor y paz, a los punks les gustaban las suásticas y consideraban al amor como "un sentimiento bajo". Los punks llamaron mucho la atención y se reprodujeron en muchas partes de

Europa, en Estados Unidos y México, aunque ya en versiones menos feroces. Su influencia fue decisiva en el rock y la contracultura, y en los años noventa, perfectamente establecido y con una vasta infraestructura, continuaba con fuerza porque el mundo seguía cancelando el futuro a los jóvenes más pobres. El movimiento punk por lo tanto tuvo una influencia directa en el surgimiento de los fascistoides grupos de *skinheads* en varias partes de Europa.

En México, como en otras partes, el fenómeno punk se dio con variaciones al modelo original. Hacia fines de los setenta y principios de los ochenta aparecieron chavos muy pobres que, orgullosos, proclamaban: "Nuestro rey Cuauhtémoc fue el primer punk mexicano". Como los ingleses, los punks aztecas no echaban raíces en el barrio, no consideraban que su territorio era sagrado ni que debían defenderlo a morir de chavos de otros rumbos; más bien, como plantea Juan Manuel Valenzuela, los punks eran nómadas urbanos cuyo centro de unión era el rock y la facha. Les gustaba salir a rolarla por la ciudad en busca de aventura y naturalmente para lucir el pelo pintado de colores, engominado para formar puntas de estrella, o cabeza de maguey, o rapado a la mohawk. Les gustaban los pantalones con parches y muchos cierres, botas pesadas, y muñequeras, chamarras y chalecos de piel con ásperos estoperoles y picos metálicos. Con el tiempo llegaron las camisetas negras con estampas de grupos de rock y la ropa negra en general, a la que se añadían leyendas que los convertían, dice Valenzuela, en "oradores silenciosos". Al rolarla por la ciudad los punks se conectaban y así se formaban algunas, infrecuentes, bandas de punks. Fue un fenómeno de jóvenes jodidos, lumpenproletarios, y sólo uno que otro niño rico, suscriptor de *Option*, quiso vivir el mito punk con resultados ridículos. Algunos chavitos de clase media también se emocionaron mucho con los punks, pero siempre desde fuera.

Con semejante fachada, especialmente el cabello, los punks llamaron mucho la atención e inevitablemente fueron objeto de reportajes en los medios, generalmente para burlarse pero a veces con ánimo solidario. La gente por lo general los rechazaba o se burlaba de ellos por su aspecto ridículo. No tenían una manera específica de pensar, salvo la idea de que nada valía la pena porque el apocalipsis había llegado; por lo general no armaban escándalos y su manera de vestir y de peinarse era su proclama para mandar a todos a la chingada, como decía la canción del grupo Solución Mortal, de Tijuana. De cualquier forma, para no variar, la policía nunca dejó de hostigarlos y, como a los jipis, los arrestaba por la mera apariencia. A principios de los ochenta algunos punks organizaban fiestas pesadísimas en departamentos llenos de basura, donde la gente fumaba mariguana, bebía alcohol, inhalaba cemento, ingería pastas y bailaba en medio de vómitos, meadas y parejas que cogían en los rincones. Los punks mexicanos eran pocos pero en un principio vivieron su mito con gran intensidad. De cualquier manera, con el tiempo la marranez bajó de volumen y los punks mexicanos atenuaron la onda nazi. Finalmente quedaron como grandes personajes del tianguis de rock del Chopo.

El Chopo

El tianguis se inició en octubre de 1980, cuando Jorge Pantoja, promotor rocanrolero que trabajaba en el legendario Museo del Chopo, convenció a la directora, Ángeles Mastretta, de permitir que en la calle, frente al museo, se abriera "un canal de comunicación" para el intercambio y la venta de discos, libros, revistas y parafernalia rocanrolera-contracultural. La apertura del tianguis fue precedida por una serie de conciertos de rock ("Una alternativa para los lunes" y "Rock desde acá"), que contribuyeron a que se rompiera así el gueto de los espacios siniestros para el rock nacional. Desde un principio tuvo un gran éxito, pues fue un inmejorable punto de reunión para los chavos que oían rock en México y que podían intercambiar discos con otros, además de que, al menos en las dos cuadras que comprendía el tianguis, se podía circular libremente con las fachas más locas del mundo. Pronto surgieron verdaderos especialistas de todas las corrientes del rock, que, conectados con las redes de rock alternativo en todo el mundo, podían conseguir discos que se darían por imposibles. Abundaban los discos, cintas y videos pirata, y allí estaba toda la ropa, la indumentaria y parafernalia para punks, postjipis y machines de todo tipo. También abundaban las revistas y fanzines rocanroleros de todas partes, así es que en unos cuantos años el Chopo se convirtió en la capital de la contracultura en México.

El tianguis del Chopo tuvo que soportar muchos acosos; los de los vecinos más azotados, que se quejaban de la concentración sabadera de macizos de todo tipo. No faltaron también los periodistas antichavos que se rasgaban las vestiduras porque era un centro-de-vicio-y-de-pésimo-aspecto. Con todo esto se hizo constante la presencia de la policía, que si no hacía redadas rondaba por los alrededores para atrapar a los pobres jodidos que les tocaba. No extrañó entonces que subsecuentes direcciones del museo, como la de la poeta Elba Macías, retirara el apoyo al rock y al tianguis, y que éste tuviera que mudarse por distintos sitios de la ciudad hasta que quedó junto a la estación de ferrocarriles de Buenavista. Entre los grandes personajes del Chopo, además de Jorge Pantoja y sus hermanos, están Rogelio Gallegos, Abraham Ríos, Belén Valdés, los hermanos Panda, Carlos Alvarado, Trini Maya, José Xavier Návar, Manuel Ahumada y muchos más.

Entre los punks y las bandas, a fines de los años setenta en la costa suroeste de Estados Unidos aparecieron los cholos, herederos directos de los pachucos, cuya huella se hizo cada vez más nítida en los jóvenes que vinieron después de ellos. Cuando, en los años sesenta, surgió el movimiento chicano, que tuvo como fin la reivindicación de la dignidad y los derechos usualmente pisoteados de los mexicano-estadunidenses, los pachucos fueron reconocidos, con razón, como antecedente directo del movimiento chicano. Éste no fue una forma de contracultura, pero su necesidad de afirmarse en una sociedad explotadora y discriminadora los hizo albergar numerosos rasgos de oposición al sistema, empezando, claro, por su identificación con los pachucos.

Los primeros cholos eran chicanos y por tanto no es de extrañar que muchas señas de identidad chicana pasaran al cholo, especialmente el barrio como territorio sagrado. También la reverencia por el pasado mítico: Aztlán, los aztecas y, finalmente, una religiosidad profunda cuyo centro era el culto a la Virgen de Guadalupe. De los chicanos también se heredó el gusto por la expresión a través de pintura mural, que derivó en la práctica de los placazos, grafitis o pintas, como se les conoce en el sur de México. Estos murales representaban su simbología básica y eran marcas cholas en los barrios. Los cholos también usaban el paliacate en la frente, casi cubriendo los ojos, o sombrero, y pantalones muy guangos.

Los cholos surgieron con fuerza en los momentos en que se daba el movimiento punk en Inglaterra y en otros países europeos, y la influencia de éste se reflejó entre los cholos en la violencia, en el hermetismo de la grafía de sus pintas, en el consumo de drogas (la pobreza impidió que el cholo se aficionara a la heroína, pero tuvo el alcohol, la mariguana, los inhalantes y las pastillas). Por otra parte, los cholos aportaron un espanglés sensacional, fronterizo, rico en coloquialismos inéditos y en giros idiomáticos.

Los cholos chicanos, como suele ocurrir, pronto extendieron su influencia, por lo que en poco tiempo hubo cholos en Tijuana, Ciudad Juárez, Culiacán, Mazatlán y Guadalajara. No llegaron a la capital de México porque allá se habían dado ya las bandas, pero los cholos vinieron a ser un punto de enlace entre las culturas alternativas de México y las de Estados Unidos. El cholismo evidentemente representó un punto de identidad y estabilidad de muchísimos jóvenes pobres, por lo que, con sus variaciones, en los noventa aún había cholos.

Como todos sus hermanos contraculturales, los cholos padecieron incomprensión y desprecio por parte de la cultura institucional, así como represiones incesantes. Los arrestos por la mera apariencia, las razzias, las golpizas y las humillaciones eran incontables en todas partes donde había cholos. Su presencia era muy visible y por tanto las autoridades tuvieron que buscar formas para lidiar con ellos; por lo general se buscaba despojarlos de sus rasgos e integrarlos en el sistema. Esto ocurrió en los años ochenta en Ciudad Juárez, donde el entonces presidente municipal Francisco Barrio salió con su programa "Barrios Unidos con Barrio", con el que quiso manipular a los cholos para que lo apoyaran a él y al PAN, a la vez que seguía reprimiéndolos.

Sin embargo, los cholos representaron una manifestación contracultural hasta cierto punto menos intensa, pues, como las bandas y los punks, carecían de un gran mito de transformación que canalizara la creatividad y la expresividad artística hacia un fin mayor, trascendente. Al no disponer de una mística, los cholos le dieron un enorme énfasis a la ropa y a formas superficiales de identidad, como era el caso de los *lowriders* y sus coches brincalones, que implicaba una mayor enajenación al consumismo. Se explicaba entonces que la música preferida de muchos cholos fueran las viejas rolitas de los cincuenta y sesenta, las *oldies but goodies*, o, si no, canciones románticas, convencionales, desprovistas de la mínima densidad expresiva.

En México, desde principios de los años sesenta desaparecieron las pandillas; al parecer, la rebeldía juvenil se canalizó sin problemas a través de los movimientos estudiantiles y de la onda. Sin embargo, quince años después, la inconformidad juvenil ya no se hizo sentir tanto entre la clase media sino entre los más pobres, los que vivían condiciones de extrema marginación en los cinturones de miseria de las grandes ciudades; las carencias, la inestabilidad de la familia y la estrechez de oportunidades se habían vuelto más difíciles de soportar para estos jóvenes, porque si no eran conscientes sí intuían que su condición de parias nunca iba a desaparecer y todo conspiraba para que no pudiesen desarrollar sus talentos y capacidades. Ya ni siquiera quedaba el sueño del amor y de la paz. Aunque hubo gente que logró expresarse muy bien a través de la literatura y la plástica (como los chavos de Tepito Armando Ramírez, Gustavo Masso, Enrique Aguilar, el grupo Tepito Arte Acá), en general al joven muy pobre el sistema le deparaba explotación, desprecio y represión. No importaba que sufriera "porque ya estaba acostumbrado". Además, todo esto ocurría en medio de la llamada "abundancia petrolera", cuando el gobierno hablaba de "administrar la riqueza", presumía de que "ya sonaban las arcas" y pedía a los mexicanos "una mística de esperanza".

Precisamente en 1977, cuando se iniciaba "la abundancia" los jóvenes más jodidos volvieron a formar pandillas, sólo que para entonces les llamaban "bandas" porque eran más numerosas y mucho más violentas. En un principio la más célebre y devastadora fue la de los Panchitos, chavos de Santa Fe y Tacubaya que se hicieron famosos por sus pleitos, escándalos, atracos y violaciones. Se cuenta que la banda fue iniciada por dos chavos que se llamaban Francisco, los Panchos, y que funcionaron bien un rato hasta que se pelearon y uno de ellos tomó el control. En todo caso la banda creció con chavitos adolescentes de Santa Fe, se conoció como los Panchitos y después, cuando sus violaciones aterrorizaron la zona, como Sex Panchitos, y con ese nombre se hicieron célebres. La prensa los tomó de cancha para ejercitar su amarillismo y durante un tiempo se oyó mucho de ellos, hasta que la policía los metió en la cárcel, no sin antes dejarlos como tapete de tantos golpes. Su fama fue tal que en su honor surgió la expresión "no hacer panchos", esto es, no armar broncas muy desagradables.

Los Sex Panchitos fueron liquidados, pero ya era tarde. Nuevas, numerosas y feroces bandas aparecieron en los barrios pobres de las ciudades, especialmente las de México y Guadalajara. Se llamaban los Verdugos, los Salvajes, los Lacras, los Mierdas Punk o las Capadoras, una banda de chavas gruesas. Como los punks ingleses de mediados de los setenta los chavos banda ya no creían en nada, ni en la familia, la escuela, el trabajo, la religión, el gobierno, los medios de difusión. No es de extrañar entonces que en los ochenta se vieran pintas con el lema de Johnny Rotten: "No hay futuro". En el México delamadridista de los ochenta, los años de la crisis, se desplomó el viejo mito estudia-trabaja-y-sé-feliz. Si todo se les cerraba, si se les deparaba el último escalón social, las bandas canalizaron su energía juvenil en una extrema violencia. Ya no se trataba de navajas, cinturones y cadenas, sino que abundaban las pistolas y en las grandes broncas de las bandas no faltaban los muertos.

Las bandas, como antes las pandillas, tenían al barrio como territorio sagrado, las calles era lo único que poseían y muchos de los pleitos ocurrían a causa de las expediciones invasoras de otras bandas, usualmente del mismo barrio. Las bandas estaban compuestas por muchos chavitos, por lo que sus bases eran amplias; había diversos gustos y clases de chavos: rockers, metaleros, punks y salseros con sus correspondientes tipos de música. Casi todos venían de familias miserables con incontables problemas y mucha violencia, por lo que los niños salían de casa lo antes posible. Todos compartían un fuerte resentimiento hacia los demás, especialmente hacia los ricos y la clase media, pues éstos encarnaban la vida inalcanzable que la televisión les restregaba en la cara como suplicio de Tántalo. Dentro de la banda había que probarse a chingadazos y aprender a atracar. Volverse el machín, y aquí el término no significaba tanto "macizo", sino el jefe de la banda, que era eminentemente machista. Todos recibían un apodo, lo que equivalía a una iniciación, una nueva identidad (yo soy la banda). Todos se ponían locos. Con cemento, tíner, mariguana, cervezas, pastillas para arriba y para abajo, lo que hubiera. Les gustaba cruzarse. También, como los punks, se erizaban el cabello, lo teñían o lo oxigenaban; usaban aretes, pantalones pegados, chamarras negras, y las chavas se maquillaban con untuosidad fellinesca. En realidad lo punk era una presencia fuerte entre las bandas. Su lenguaje venía directamente del de los sesenta, pero la banda le añadió términos clave que lo hicieron suyo. Su baile favorito era el eslam, o baile de los caballazos, que transmutaba la violencia en relajo puro.

Por supuesto, la policía los combatió con la misma ferocidad irracional de las bandas. Las redadas se volvieron comunes en las fiestas de los barrios pobres, pues en ellas los granaderos golpeaban a los chavos para descargar el resentimiento por el encuartelamiento previo, el maltrato y los bajos salarios, además de que por unos momentos sentían el delirio del poder aunque fuese en su forma más elemental. Después de repartir golpes y de su acostumbrada práctica de picarles las nalgas con alfileres, los policías saqueaban las escasas pertenencias de los chavos, los montaban en autobuses urbanos y los llevaban a la delegación policiaca, donde, para empezar, los acusaban de haberse robado los mismos autobuses en que los acababan de transportar; naturalmente, unos no salían hasta que alguien llegaba con la multa y/o mordida; otros eran consignados y tenían que salir bajo fianza, si es que no los acusaban de delitos contra la salud. Como no lograron contener la erupción de bandas, Arturo Durazo, el entonces director de la policía capitalina, amigo del presidente y notorio narcotraficante, cambió de táctica y propuso a los chavos banda que se volvieran soplones, o que de plano se enrolaran en la policía, pero los chavos banda eran virulentamente antiautoridades, y la propuesta no prosperó. Más adelante, a Sales Gasque, otro jefe policiaco, se le ocurrió organizar partidos de futbol (Tiras contra Bandas), supuestamente para fraternizar y establecer comunicación, pero más bien para la promoción personal, y no muy brillante, de Sales Gasque. Se hicieron algunos juegos, pero no sirvieron de nada, ya que se hubieran necesitado muchos equipos de policías para cascarear con todas las bandas de la ciudad de México. Por tanto, continuó la brutalidad policiaca.

En la primera mitad de los años ochenta se formaron consejos de bandas para unir fuerzas y coordinar la defensa ante la ofensiva policiaca, los insultos de la prensa y la incomprensión de la sociedad. Esto representó un paso decisivo porque tuvieron que salir cuadros de entre las bandas que se informaran sobre leyes, derechos y obligaciones, lo cual propició el inicio de un proceso de ensanchamiento cultural que permitió la salida a sus necesidades de expresión. Algunos políticos o funcionarios del gobierno, que era sumamente heterogéneo, trataron de comunicarse con las bandas sin autoritarismo, aunque sin dejar un tono paternalista o condescendiente. Sin embargo, la verdadera causa de las bandas, la miseria sin posibilidades de superación, empeoraba paulatinamente. De cualquier manera, poco a poco las bandas le bajaron un poco a la violencia y, sin perder su carácter de feudo, se fueron convirtiendo en "la banda", algo mucho más amplio que abarcaba a todos los chavos lumpen que oían rocanrol y se agrupaban para sentirse más fuertes.

La disminución de la violencia fue perceptible en el devastador terremoto de 1985, cuando, para sorpresa de muchos, las bandas no aprovecharon el caos de la catástrofe para el saqueo, sino que, por el contrario, participaron en los extraordinarios actos de auténtica solidaridad con los que la sociedad civil rebasó totalmente al gobierno. "A la hora de la verdad", dice Elena Poniatowska en su libro *Nada, nadie*, "los chavos banda están dispuestos a jugarse la vida, no le temen a nada y son mucho más generosos que muchos que se creen ejemplos a seguir... Mostraron con creces su calidad humana" e hicieron ver "que su organización, siempre marginal, siempre rechazada por la sociedad, sirve para algo."

Las bandas han sido un fenómeno urbano que muestra la aguda descomposición y deshumanización del sistema y que fluctúa entre la contracultura y lo antisocial. Rechazaban la sociedad al punto en que necesitan manifestarlo con una violencia ciega y casi suicida que con frecuencia los ponía fuera de la ley. Compartían una identidad común, la de la banda, que a su vez forja y marca la del individuo. Por lo general, las bandas están compuestas por niños y adolescentes que después de los veinte años buscan acomodarse en la sociedad en lo que sea, a no ser que hayan caído en la cárcel y graduado en la universidad del crimen. Por lo mismo, las bandas no duran mucho tiempo, pero cuando unas se desintegran otras están surgiendo, y este desolador espejo sigue reflejando a la sociedad entera.

ROCK MEXICANO

Las bandas resultaron el público idóneo para el rock mexicano de fines de los setenta, que finalmente logró salir de los hoyos hacia el circuito cultural y universitario hasta que, ya en los ochenta, finalmente aparecieron centros nocturnos dedicados enteramente al rock nacional: en la ciudad de México, Rockotitlán, creado por los guacarroqueros Botellita de Jerez; La Última Carcajada de la Cumbancha, Wendy's, Aramís, Rockstock, Tutti Frutti, Arterías, La Iguana Azul, el Bar Mata, el Buga, el Nueve y otros sitios que inexorablemente se enfrentaban a vecinos intolerantes y a consuetudinarios cierres y obstrucciones por parte de las autoridades. Lo mismo ocurría en los hoyos rocanroleros que se abrían y se cerraban en Tijuana, Ciudad Juárez, Monterrey, Zacatecas, Guanatos, Vallarta, Guanajuato, San Miguel de Allende, Oaxaca, Puebla y los Acapulcos.

Además de grupos como Chac Mool, la banda de Guillermo Briseño, Kerigma, Ritmo Peligroso, Manchuria, Anchorage y otras, el fenómeno más notable en la bisagra de las décadas de los setenta y ochenta lo constituyó el grupo Three Souls in my Mind, no sólo porque logró una popularidad enorme entre la banda (que después se desparramó hacia sectores de clase media y de jóvenes campesinos) sino porque a partir de ellos el rock en México se compuso en español o, más bien, en mexicano. Evidentemente no iba a haber un verdadero rock nacional si no se componía en nuestro idioma. Con un estilo primario, basado en el blues y el rhythm and blues, con notoria influencia de los Rolling Stones, Three Souls in my Mind era un poco el equivalente de Creedence Clearwater Revival en México (hasta la voz de Alejandro Lora era como la de John Fogerty): rock auténtico que viene desde el fondo y surge sin ornamentaciones ni artificios: puro y primitivo rocanrol con letras que primero expresaban a la banda y después con una marcada y no siempre espontánea tendencia social. Three Souls in my Mind señoreó el universo de los hoyos hasta que, a principios de los ochenta, se transformó en el Tri, siempre bajo la mano férrea de Lora, sin duda un personaje decisivo del rock nacional; durante años Álex Lora emitió las injurias más léperas, sangrientas y divertidas contra el gobierno, sin perdonar, por supuesto, al presidente en turno. Lo mismo hizo en su momento con Salinas de Gortari, pero no se imaginó que el enano fuese un gángster y que en el acto le asestaran un fulminante y escalofriante arresto, a partir del cual Lora midió más las invectivas. Después de casi treinta años con el "vicio del rocanrol", el Tri se convirtió en una institución sui generis.

Rodrigo González consolidó, profundizó, amplió y refinó el incipiente rock mexicano. Este talentoso rocanrolero llegó de Tampico, una auténtica mina de rock, y durante un tiempo sobrevivió cantando sus canciones en el metro, en autobuses urbanos y en la calle. Sus composiciones se caracterizaban por un ingenio mexicanísimo y gandallón; el humor y la ironía se codeaban con un verdadero aliento poético y se manifestaban a través de un lenguaje coloquial que se adaptaba estupendamente a los marcos melódicos. Rodrigo, que después modificó su nombre a Rockdrigo, finalmente logró trabajo en un hoyo llamado Wendy's y con rapidez se hizo de numerosos seguidores que disfrutaban enormemente sus canciones. En vivo, Rockdrigo exudaba un carisma extraordinario y era mucho más rocanrolero de lo que resultó en su único disco que él supervisó y controló: *Hurbanistorias*, en el que parecía más cerca del canto nuevo. Era muy inteligente y tenía una cultura estimable, así es que en sus rolas había referencias a intelectuales mexicanos, a libros, y tenía versos como "ya lo dijo Freud, no me acuerdo en qué lado, ésta es la experiencia que he experimentado". Sus homenajes a la ciudad de México, como "Vieja ciudad de hierro", sedujeron al público roquero, al igual que sus canciones humorísticas, como "Oh yo no sé" o "El Ete", que pertenecían a la mejor tradición picaresca de Chava Flores; "Metro Balderas" a su vez se volvió emblemática del México de los ochenta. En 1985 la fama de Rockdrigo crecía imparable y lo convertía poco a poco en la máxima figura del rock mexicano. Precisamente cuando le iba mejor, cuando su disco recogía reseñas favorables y se conocía cada vez más, cuando le ofrecían muchas y buenas oportunidades, Rockdrigo murió aplastado en su departamento de la colonia Juárez durante el terremoto de septiembre. El terremoto lo mató, pero acabó de mitificarlo.

A él se le atribuye el término "rock rupestre", aunque Roberto Ponce dice que los originadores fueron Rafael Catana y Alain Derbez, quienes en un principio lo utilizaban peyorativamente, como sinónimo de "naco". En todo caso, fue Rockdrigo el que escribió el *Manifiesto rupestre*, en el que planteaba: "Se trata solamente de un membrete que se cuelgan todos aquellos que no están muy guapos, ni tienen voz de tenor, ni componen como las grandes cimas de la sabiduría estética o (lo peor) no tienen un equipo electrónico sofisticado lleno de *synthers* y efectos muy locos que apantallen al primer despistado que se les ponga enfrente. Han tenido que encuevarse en sus propias alcantarillas de concreto y, en muchas ocasiones, quedarse como un chinito ante la cultura: nomás milando… Los rupestres son poetas y locochones, rocanroleros y trovadores. Simples y elaborados; gustan de la fantasía, le mientan la madre a lo cotidiano; tocan como carpinteros venusinos y cantan como becerros en un examen final del conservatorio". El rock rupestre, pues, era el rock de los jodidos, un rock básico, sin sofisticación, sin recursos, salido directamente de las márgenes de la realidad urbana de los años de la primera gran crisis; un rock de las cavernas, lo que implicaba también un movimiento musical en sus inicios. Por supuesto, se trataba del rock mexicano que al fin nacía: un rock tan inconfundible como el de Led Zeppelin, pero tan mexicano como José Alfredo Jiménez.

En el movimiento rupestre de una manera u otra hay que incluir a Nina Galindo, Roberto González, Roberto Ponce, Cecilia Toussaint y Jaime López; estos dos escandalizaron al medio roquero cuando se dejaron seducir por Televisa. Los dos, muy talentosos, llevaron al rock aires tropicales, viejos boleros, jazz, humor, crítica social. Con Botellita de Jerez apareció el humor desatado, circense, con fuerte crítica social y una mexicanidad tan recia que admitía toda desmitificación. La música no era el fuerte de este grupo (cuyos orígenes venían de los Tepetatles de Alfonso Arau en los sesenta), y lo que importaba era el espectáculo, en el que se vestían de aztecas o se ponían grandes sombreros zapatistas, a la vez que le daban al presidente De la Madrid el título de "hulero" (por no decirle "culero", definición exacta que el pueblo de México dio al preciso durante el campeonato mundial de futbol de 1986).

A mediados de los ochenta, el rock mexicano se había extendido, rebasó la marginalidad y reconquistó a buena parte de la clase media. Las grabadoras comerciales se abrieron para algunos y para los demás apareció Discos Pentagrama, de Modesto López, que cubrió una necesidad vital del rock mexicano (después vendrían Denver, Roll n' Roll Circus, Dark Side, Genital Productions, Dodo, Discos Rockotitlán, Grabaciones Lejos del Paraíso y Opción Sónica, todas ellas, a su manera, grabadoras rupestres). El rock mexicano también se metió a codazos en las estaciones de radio de los ochenta, como Rock 101 y Radio Educación, que empezó a programar a algunos grupos del país. Por fin parecía que el rock iba a reconquistar los espacios de los años cincuenta, sólo que ahora el rock en español venía desde abajo, ofrecía composiciones originales y expresaba a los jóvenes mexicanos, ya que, en los ochenta, los chavos ricos, clase media y pobres se empataron al menos en un estado de ánimo oscurísimo que se identificó como *dark*.

Ante esto, el consorcio Televisa inventó la campaña "rock en tu idioma" en favor del rock en español, pero en vez de llamar a los grupos mexicanos que tan bien la estaban haciendo y que tantos trabajos habían padecido para salir de los guetos, siguiendo su tradición rabiosamente malinchista, Televisa importó pésimos grupos españoles y argentinos, como Soda Stereo, los Hombres G o los Enanitos Verdes, además de que promovió hasta la náusea a sus criaturas Timbiriche, Menudo, Cristal y Acero, y demás nenes dóciles que confundían su culo con el hoyo de las canicas y que siempre estaban dispuestos a acatar los dictados de qué cantar, cómo hacerlo, con qué arreglos, con qué músicos, además de cómo vestirse, cómo bailar, cómo comportarse y demás. Así se logró consolidar un rock en español alarmantemente comercial con Garibaldi, Thalía, Bibi Gaytán, Caló, Alejandra Guzmán y Gloria Trevi, esta última un fenómeno más complejo.

El buen rock mexicano tuvo que regresar a los circuitos culturales y marginales, de nuevo a los hoyos, aunque se dieron fuertes éxitos comerciales, especialmente en los casos de Caifanes, Maldita Vecindad, Café Tacuba y Santa Sabina, que alcanzaron la promoción de la industria. En los noventa el rock mexicano seguía su lento proceso de desarrollo; no había producido obras extraordinarias y aún predominaba la tendencia de copiar a alguien, pero la profusión de grupos era sumamente notable y los había en todos los subgéneros del rock, desde experimentos como el Oxomaxoma o Deus et Machina, o visceralidad pura en los grupos de trash o neopunk. Conjuntos menos extremosos, como Tex Tex, Real de Catorce o Sangre Azteka, fueron más apreciados, al igual que el Personal, grupo de Guadalajara, que recogió la picardía de Rockdrigo y la hizo más ácida y devastadora. En los noventa el rock se componía y se tocaba en la mayoría de las ciudades grandes y medianas de México, y la infraestructura naturalmente se había expandido. Finalmente llegaron grandes rocanroleros como Dylan, Rolling Stones, Pink Floyd, King Crimson, U2 o Dead Can Dance, que tocaban en el Palacio de los Deportes (o de los Rebotes, por su mala acústica), el Autódromo, el Auditorio Nacional o el Cine Metropolitan, pero la gran promoción que tuvieron estos conciertos no se extendía al rock nacional, salvo alguna inclusión de Caifanes o de alguien así. Cuando se suponía que había mejores condiciones para el rock, en buena medida el mexicano seguía marginado a pesar de su vastedad y pluralidad.

Después de la desaparición de *Piedra Rodante* hubo un gran vacío en la prensa rocanrolera que no pudieron llenar ni *La onda*, el suplemento del periódico *Novedades*, que dirigía Jorge de Angeli; ni *Jeans*, de Gerardo María, ni *Sonido*, que era muy convencional. Después hubo intentos más bien ridículos, como los formatos gigantescos y el papel cuché de *Rock mi*, de Víctor Juárez; pero lo bueno llegó a fines de los setenta con *Melodía: diez años después*, que con semejante nombre tenía que salir bien. Era dirigida por Víctor Roura, quien se había iniciado en *México canta* y después publicó varios libros de literatura y sobre rock y música, como *Negros del corazón* (sobre el Tri), y *Apuntes de rock, por las calles del mundo*. En 1979 Roura tuvo el acierto de convocar a jóvenes escritores, como Juan Villoro y Alain Derbez (quienes hacían el programa de radio *El lado oscuro de la luna*), Rafael Vargas, Guillermo Samperio, Carlos Chimal y Alberto Blanco (quien, con el también poeta Ricardo Castillo, formó el grupo de rock las Plumas Atómicas). *Melodía* fue un periódico roquero al día y de buena calidad, con traducciones, reportajes, análisis, columnas y temas monográficos. Fue una lástima que desapareciera en el vigésimo sexto número. En los ochenta, Roura volvió a sacar una publicación, *Las horas extras*, que resultó más amplia aunque cubría notablemente el rock. Por su parte, desde Zacatecas, José de Jesús Sampedro siempre dio espacio al rock y la contracultura en *Dosfilos*, cuyas portadas eran rockers dibujados por Luis Fernando. También roquera resultó *Topodrilo*, la excelente revista de la UAM dirigida por Antulio Sánchez.

Muy estimable también fue *Atonal*, dirigida por Arturo Saucedo, con Rogelio Carvajal como eminencia gris, y dedicada al rock alternativo. Por esas fechas llamó la atención *La pus moderna*, dirigida por Rogelio Villarreal, una revista provocadora, punk-dark-intelectual, que prometía más de lo que presentó. Más comedida y recatada aún vino a ser *Grafiti*, dirigida por José Homero desde Jalapa, con amplia cobertura de rock. En cambio, *La regla rota* resultó una revista seminal, al igual que *La guillotina*, hecha por una cuasi comuna de uameros y más inclinada a la política. Después, Guillermo Fadanelli sacó *Moho*. Un esfuerzo insólito, por su buen nivel, porque no estaba dedicado a la venta y se distribuía gratuitamente por correo, fue *Corriente alterna*, de Sergio Monsalvo, una revista de temas monográficos que se inició en 1993 con un cuerpo de colaboradores compuesto por David Cortés, Xavier Velasco, Jorge Soto, Naief Yehya y Hugo García Michel. Este último en 1994 dio a luz *La mosca en la pared*, una revista imaginativa, provocativa y con ganas de tener éxito; *La mosca* fue cerrada por razones políticas pero pudo resucitar después. Otra briosa publicación contracultural fue *Generación*, dirigida por Carlos Martínez Rentería. A mediados de los noventa fugazmente apareció *Rock Pop*, y *Entremés* dedicó un excelente número dedicado al rock. Por otra parte, las publicaciones pop-pulachero-comerciales sobre rock venían del modelo de *México canta*, y las principales habían sido *Conecte*, *Simón Simonazo* y *Banda rockera*. En los noventa apareció *Códice rock*, editada por el tianguis del Chopo, y para esas fechas varios periódicos daban atención al rock y la contracultura, al igual que los suplementos culturales *Sábado*, de Huberto Batis, *La Jornada Semanal*, de Juan Villoro, y *El Búho*, de René Avilés Fabila.

La crítica de rock siguió desarrollándose en los años ochenta y noventa. Como veterano en plena acción seguía Óscar Sarquiz, sobreviviente de los sesenta. De *Melodía*, los más importantes fueron Víctor Roura, Carlos Chimal, Rafael Vargas y Juan Villoro; estos dos últimos además publicaron libros con traducciones de letras de rock (*El rock en silencio* y *La poesía en el rock*). Chimal, por su parte, compiló las dos ediciones de *Crines, lecturas de rock*, con materiales muy diversos, incluyendo poemas y dibujos, de críticos, escritores, poetas y dibujantes (la primera, de Ediciones Penélope, con mucho fue mejor que la de Ediciones Era). En los setenta también aparecieron Xavier Velasco y José Xavier Návar. Y Alain Derbez, pero éste se especializó en el jazz. En los ochenta surgieron Sergio Monsalvo, David Cortés, Jorge R. Soto, Arturo Saucedo e Ignacio López Velarde, Antonio Malacara y Hugo García Michel; en los noventa se dieron a conocer Naief Yehya, Jordi Soler y Pacho Paredes, baterista de Maldita Vecindad, publicó *Rock mexicano, los sonidos de la calle*. También es cierto que a algunos jóvenes intelectuales les gustó el rock y de una manera u otra mostraron formas de contracultura. Entre ellos estaban José Joaquín Blanco, Alberto Román, Sergio González Rodríguez, Jaime Moreno Villarreal (que alguna vez compuso rock rupestre), Carlos Miranda Ayala y José Homero. Con sus variaciones, algunos de ellos se inclinaban hacia la contracultura pero sin perder su sitio (o sus aspiraciones por tenerlo) en la nave mayor de la cultura institucional.

Cuando se trataba de rock extranjero por lo general la crítica no fallaba, pues para eso había numerosas fuentes de información, que iban desde revistas como *Option* o *Les inrockuptibles* a las vías cibernéticas e internáuticas. Su función era poner al día y todo tendía a verse con una óptica teñida de mitificación; sin remordimientos, los críticos podían mostrar pasión de fan. En cambio, ante la producción nacional se veían en problemas. Algunos de plano decían que no había rock mexicano, sino mexicanos que tocaban rock y muy mal por cierto, lo cual era una exageración significativa del desdén imperante. La mayoría descalificaba casi todo tajante y visceralmente, tal como tendía a hacer la crítica cinematográfica y la literaria. El fenómeno se hallaba demasiado cerca y a la vez distante, pues la interacción de críticos y rocanroleros era casi nula, así es que no se veía ni el bosque ni los árboles. Por otra parte, el viejo malinchismo, con el sentimiento de inferioridad implícito, seguía causando estragos. La admiración acrítica que muchas veces se tenía hacia ondas y grupos de Inglaterra, Estados Unidos y demás, se convertía en hipercrítica disfrazada de severidad hacia los paisanos y ya no se salvaban ni los buenos cantantes, ejecutantes o compositores. Instalados en alturas nirvánicas, los críticos se pitorreaban de los rocanroleros, pero no ofrecían razones; a veces las prometían, pero a mediados de los noventa aún faltaban, por decir algo, los análisis y la contextualización del rock rupestre, del rock en el interior de la república o de grupos como Santa Sabina, Maldita Vecindad o Caifanes, cuya popularidad era compleja y no podía meterse en el costal de Gloria Trevi o de los grupos de Televisa. Urgían investigaciones que cuando menos cubrieran los niveles estadísticos del rock en México. Y criticarlo con la debida argumentación. No se trataba de anchar la manga ni de ser complacientes, ni de renunciar a la ironía, la sátira o el simple buen humor, sino de criticar la objetividad de la obra en su contexto, no con base en prejuicios ni a lo que al crítico le gustaría que fuese el rock mexicano.

A fines de los sesenta, Alejandro Jodorowsky presentó sus *Fábulas pánicas* en el suplemento cultural de *El Heraldo*; eran tiras de monos con la neta condensada del maestro Alejandro, que en ese momento se hallaba en el cénit de su gurez. Después, ya a mediados de los setenta, apareció una generación de moneros, caricaturistas y dibujantes fuertemente influenciada por el rock y la contracultura punk: Sergio Arau, Ahumada, El Fisgón, Rocha, Helguera, Ulises y Luis Fernando presentaron una virulencia punk y popular, contracultural, que amplió notablemente su crítica política y su influencia. De una manera u otra, todos compartían, además del gusto por el rock, una "estética antiestética" y un aire gandalla que era nuevo porque correspondía a un espíritu de los tiempos que se empezaba a manifestar. Todos eran muy activos. Arau reunió sus cartones contraculturales en su libro *La netafísica*; Ahumada realizó dibujos legendarios de grandes mitos rocanroleros, y Luis Fernando le siguió con las espléndidas portadas de *Dosfilos*; Rocha representaba el punto de vista de la banda. Todos ellos trabajaron en los suplementos de *Unomásuno* y *La Jornada*, que en los setenta y los ochenta hacían que las tiras cómicas de los demás periódicos se vieran muy fresas.

Si estos moneros se podían incluir entre la contracultura, los que les siguieron, Jis, Trino y Falcón, de

Guadalajara, de plano hicieron en México lo que Robert Crumb y Gilbert Sheldon en Estados Unidos durante los años sesenta. "La mamá del Abulón", "La croqueta" y la serie del Santos combinaban macicez sesentera, punk de los setenta, dark de los ochenta y gore de los noventa en medio de una gracia extraordinaria y de extrema gandallez y marranez. La impecabilidad de estos moneros se convirtió en éxito instantáneo entre los chavos a fines de los ochenta y en los noventa, pero la celebridad no melló el filo del trío guadalajareño, del que se desprendió Falcón por aquello de que cuando tres viajan juntos uno se queda solo (pero encuentra compañía). El libro *El Santos contra la Tetona Mendoza*, de Jis y Trino, los consolidó como un acontecimiento en la caricatura y el periodismo en México. Del grupo de Guadalajara, muy activo, salió también Jabaz, especialista en collages.

Otro gran acontecimiento fue la aparición de la revista *El gallito inglés*, de filiación rocanrolerísima, que presentó dibujos e historietas de nuevos chavos fuertemente influenciados por las atmósferas punk, góticas y populares. La idea era hacer una revista de alta calidad sin perder el espíritu contracultural, lo cual se logró en buena medida. *El gallito*, dirigida por Víctor del Real, contaba con las colaboraciones de Luis Fernando, José Quintero, Clément, Ricardo Peláez y Frick, y fue decisivo en el surgimiento de numerosos fanzines dedicados al dibujo y la caricatura.

En 1983, el cineasta Paul Leduc emprendió una realización que prometía mucho y que tituló *Cómo ves*, en la que Rockdrigo, el Tri y Cecilia Toussaint eran hilos conductores de imágenes sumamente estáticas de chavos banda y del poeta Javier Molina. Los números musicales son muy buenos. Leduc también realizó un excelente video sobre Rockdrigo en la ciudad de México, con el viaje textualmente desenfrenado de una cámara que recorre la ciudad a las seis de la mañana y se pasa todos los altos mientras se escucha "Vieja ciudad de hierro". Una espléndida visión de la ciudad de México también tuvo lugar en *Deveras me atrapaste*, de Gerardo Pardo, que además de director y guionista era el hombre de la batería en el grupo de rock progresivo Manchuria (que por supuesto tocó en la película). Al principio, un rocanrolero hace una pinta que dice TIRAS PUTOS, y al final la heroína canta: "Yo lo único que quiero es rocanrolear contigo, y al acabar la fiesta, ir a coger contigo"; en medio ocurre la historia de amor de una chava y el fantasma de un rocanrolero. La película está basada en un cuento de René Avilés Fabila y merecía mucho mejor suerte de la que tuvo. Alberto Cortés, autor de *El amor a la vuelta de la esquina*, una película que tiene mucho de contracultura, realizó *Ciudad de ciegos*, con una paloma de Rita

Guerrero (Santa Sabina), Pacho (Maldita Vecindad) y Saúl (Caifanes). Éstas fueron las únicas cintas relacionadas con la contracultura que se realizaron en los años ochenta y los noventa. Por supuesto, se hicieron películas comerciales que trataban de temas como el rock o jóvenes inconformes, pero bajo los lineamientos del sistema. La censura cinematográfica siempre fue reacia a tratar esos temas a fondo.

En la televisión, durante los ochenta se vivió una pequeña primavera de Praga en la televisión oficial y hubo cuando menos dos nobles intentos por hacer programas de rock mexicano; *Flor de asfalto* y *Neblina morada*, que a pesar de las buenas intenciones tronaron al poco rato. Alberto Cortés, en cambio, sí logró una serie completa con *Águila o rock*, que estaba muy bien hecha. Ricardo Rocha ocasionalmente se ocupaba del rock en sus programas *Para gente grande* y *En vivo*. En los ochenta Televisa tuvo un canal cultural, o algo que pretendía serlo, que bajo el lema "la alegría de la cultura" se permitió programar videoclips, pero después se cerró a todo rock que no fuera el chafísima que ellos promovían, salvo un periodo a fines de los ochenta en que ¡a las cuatro de la mañana! Alfonso Teja presentaba *shows* de buenos rocanroleros mexicanos entre las seudonoticias de *Eco*.

En la ciudad de México, el rock se empezó a escuchar, en los años cincuenta, en Radio Mil y Radio Éxitos. En los sesenta la primera salió del panorama y entraron Radio 590 y Radio Capital. Por supuesto, eran radiodifusoras perfectamente convencionales que explotaban la música de rock. En ambas se dieron programas con buen rock no comercial a fines de la década: *Vibraciones* fue el más célebre, con su locutor de voz fantasmal y sus textos de divertidas metáforas pachecas. En los setenta, el rock encontró sitio en Radio Universidad y Radio Educación, donde se emitió la serie *El lado oscuro de la luna*, de Villoro/Derbez. En los ochenta se estableció la frecuencia modulada y el caso más notable fue Rock 101, dirigido por Luis Gerardo Salas, que se abrió al rock alternativo, lo combinó con clásicos de los sesenta y setenta y con algunas muestras del rock nacional. En los noventa vino el declive de esta estación y el surgimiento de Radio Activo, Stereo 100 y de otras. A mediados de los noventa, Radio UNAM tenía seis programas de rock a la semana (*Querido señor Fantasía*, *Saint John's Wood*, *Se regala cascajo*, *Radio Etiopía*, *Alas y raíces*, *Las ondas del Chopo* y *Alma de concreto*). Sin embargo, ni remotamente había surgido una estación de radio en verdad independiente, ya no digamos contracultural.

A pesar del fuerte bloqueo a cualquier obra que pudiese considerarse "de la onda", la narrativa relacionada con la contracultura continuó de los años setenta en adelante. Están: *Las rojas son las carreteras* (1975), de David Martín del Campo; *A control remoto y otros rollos* (1974) y *Las motivaciones del personal* (1977), de Jesús Luis Benítez; *La noche navegable* (1980) y *Tiempo transcurrido* (1985) de Juan Villoro; *Fábrica de conciencias descompuestas* (1980), de Gerardo María; *Cuatro bocetos* (1984), de Carlos Chimal; *El Loco y la Pituca se aman*, de Javier Córdova (1985); *Los desencantados* (1985), de Jaime Turrent; *Polvos de la urbe* (1987) y *Un látigo en mi alcoba* (1992), de Víctor Roura; *Entrecruzamientos* (1986, 1988, 1990), de Leonardo da Jandra; *Marcela y el rey al fin juntos* (1988) y *El gran preténder* (1992), de Luis Humberto Crosthwaite; *La leyenda escandinava* (1989), de Nelson Oxman; *Crónica de días inútiles* (1992), de Humberto Mena; *Bocafloja* (1994), de Jordi Soler; *No te enojes Pamela* y *El día que la vea la voy a matar*, de Guillermo Fadanelli; *Obras sanitarias* y *Los sueños mecánicos de las ovejas electrónicas*, de Naief Yehya.

Entre los personajes de la contracultura de fin de milenio en México habría que mencionar a los rocanroleros Rockdrigo González, Álex Lora, Jorge Reyes, Guillermo Briseño, Hebe Rossell, Betsy Pecanins, Nina Galindo, Sergio Arau, Armando Vega-Gil, Cecilia Toussaint, Rita Guerrero y muchos más; los cineastas Alberto Cortés y Gerardo Pardo; el fotógrafo Fabrizio León; los editores Víctor Juárez, Rogelio Villarreal y Víctor del Real; los periodistas Carlos Martínez Rentería y Arturo García Hernández; los escritores y críticos Juan Villoro, Rafael Vargas, Carlos Chimal, Víctor Roura, Xavier Velasco, José Xavier Návar, Sergio Monsalvo, David Cortés, Arturo Saucedo, Alain Derbez, Luis Humberto Crosthwaite, Jorge R. Soto, Naief Yehya, Antonio Malacara, Jordi Soler, Jorge García-Robles, Fernando Nachón; los poetas Ricardo Castillo, Alberto Blanco, Pura López Colomé, José Vicente Anaya, Luis Cortés Bargalló, José de Jesús Sampedro; el antropólogo Julio Glockner; los caricaturistas Ahumada, Luis Fernando, Rocha, Jis, Trino, Falcón, Clément, José Quintero, Ricardo Peláez, Frick y José Agustín Ramírez. Como era de esperarse, esta lista puede ampliarse.

A mediados de los noventa, la contracultura en México había persistido casi cincuenta años, y todo indicaba que en el futuro inmediato, los inicios del nuevo milenio, continuaría presente. Ya no se habían dado grandes movimientos sociales, como los jipitecas, los punks y las bandas, pero se hallaban presentes numerosas manifestaciones de contracultura, en las que participaban jóvenes de clase media y ya no nada más los chavos lumpen; era común ver las camisetas negras con estampas de rocanroleros, los pantalones de mezclilla rasgados y con agujeros, aretes, tatuajes, perforaciones, pelo largo o muy corto, pintado de colores, o rapado como bola de billar. Los más riquitos le entraron a la onda de los *raves*, en los que consumían éxtasis, "bebidas inteligentes", drogas nootrópicas (que, reporta Naief Yehya, "actúan en la mente"), hormonas como la dehidroepiandosterona, y compuestos como piracetam, oxiracetam y centrofenofina; pero esto escasamente podía verse como contracultura, porque era *politically correct*. A los jodidos les fascinaba el eslam, bebían cervezas y tequila, fumaban mota, viajaban con alucinógenos (porque en los noventa volvieron los ácidos y los hongos), se metían anfetaminas y barbitúricos, inhalaban cemento o tíner. Pocos le entraban a la cocaína, porque era mucho más cara; tampoco al crack o la heroína. Algunos se identificaban más con el punk, otros con el metal pesado, otros con la sicodelia, pero en realidad estos grandes movimientos contraculturales se entremezclaron y los jóvenes tomaban de ellos según les latía y mezclaban todo sin preocuparse. El rock seguía oyéndose entre los chavos de todos los estratos sociales, pero para muchos había muerto. Eso sí, definitivamente se había institucionalizado, pero, quizá porque no salía algo mejor, seguía renovándose a través de las corrientes alternativas. Había muchos sitios de reunión para el personal, pero seguían destacando el tianguis del Chopo y el de Tepoztlán. El zócalo de Coyoacán también había sido tomado por el ambulantaje alternativo. Entre los adultos de clase media la espiritualidad cundía a través del *new age*, que englobaba el yoga, la meditación, la esoteria, el *I ching*, la tensigridad de Carlos Castaneda, el tibetismo azteca de Antonio Velasco Piña, los rituales para todo, la moda de los ángeles y la adicción a las dietas, las vitaminas, la melatonina, el naturalismo, la alta tecnología y otras ondas más. Por otra parte, no era descartable la irrupción de un nuevo movimiento juvenil, masivo, contracultural, en el futuro mediato e inmediato.

A mediados de los años noventa, al borde del milenio, las condiciones en México habían llegado a extremos inverosímiles. El sistema se hallaba en franca descomposición, de hecho en plena putrefacción, y sólo se sostenía por la intimidación, la militarización y la mano dura, por el apoyo del gran capital y de Estados Unidos. El autoritarismo se ejercía con desesperación ante las constantes muestras de inconformidad de la sociedad. En vez de hacer caso a las cada vez más trágicas advertencias de la historia, el régimen se aferraba al poder con una insensibilidad criminal y el resultado era que los peligros se ahondaban. Nuestra historia era un círculo vicioso, porque siempre se volvía a los vicios de antes pero en contextos mucho más agudizados. Por ejemplo, volvieron los asesinatos políticos porque los grupos en el poder habían perdido cohesión y procedieron a despedazarse los unos a los otros. Todo esto en medio de la omnipresencia del narcotráfico, de secuestros generalizados y alta inseguridad en todo el país, con dos guerrillas en activo, una militarización indetenible y la miseria en ascenso.

Pero, claro, cuando se vive en el peligro uno se acostumbra a él, y eso había ocurrido en México, lo que hacía más difícil la contención del devastador proyecto neoliberal, el capitalismo salvaje, un proyecto frío, despiadado, que pretendía exprimir a la población hasta dejarla exánime en beneficio de un reducidísimo grupo de oligarcas de Estados Unidos y México. El gobierno y el sistema en general, por supuesto, cerraban los oídos a toda queja y crítica, y trataban de imponer la idea de que las cosas marchaban bien ya que podíamos estar mil veces peor. Exigía que nadie lo contradijera y que se cumpliesen sus dictados con rapidez, eficiencia y gratitud. Vivía una realidad virtual, ajena a la de los demás, y todos debían conformarse a ella por las buenas o las malas. No importaban minucias como honestidad, honradez, sensibilidad, derechos humanos. Habíamos pasado de la hipocresía al cinismo.

Para la gente joven el panorama no era alentador. La educación universitaria iba cerrándose para la población de bajos recursos, a la que se pretendía programar exclusivamente como técnicos, obreros, empleados y servidores sin posibilidad de ascender a los planos superiores de riqueza. Aun para el que podía estudiar, las posibilidades de empleo no eran muchas y, de obtener trabajo, debía convencerse de que era una suerte celestial tenerlo y que lo principal era conservarlo; es decir, no pedir aumentos ni mejores condiciones. Por supuesto, un grupo reducido de jóvenes de las élites tenía todo a su favor: las escuelas más caras y selectivas, toda la tecnología de moda, viajes al extranjero y acceso a los altos niveles ejecutivos. Ellos vivían su gueto, el de la cultura de la riqueza; quién sabe qué ojetadas habían hecho en su reencarnación anterior para merecer semejante karma. Pero de la clase media hacia abajo, el futuro no era muy promisorio y predominaba el espíritu *dark*.

En cierta forma, las condiciones eran semejantes a las de los años cincuenta y sesenta, sólo que mucho más agudizadas. Como entonces se hacía creer que todo marchaba bien, que "se marchaba por el camino correcto", y el desfase con la realidad propiciaba una profunda insatisfacción en muchos jóvenes, porque el sistema bloqueaba o cancelaba las posibilidades de una verdadera expresión y de la realización de la creatividad y de sus mejores aspectos. Desde principios de los noventa fue observable que, contra todos los pronósticos, los sesenta estaban muy presentes, Jim Morrison fascinaba a nuevos adolescentes, para la fresez estaba la moda retro y la vuelta al órgano en algunos grupos de rock. Entre otras cosas, esto indicaba que las condiciones anímicas eran semejantes, con la notoria diferencia de que, a principios de los noventa, el gobierno se proponía una regresión que nos retrotrajera a las condiciones culturales de los sesenta, con su represión, autoritarismo y censura. Poco a poco se robustecieron los mecanismos de control para limitar lo más posible la libertad de expresión, y se recurrió al mecenazgo para cooptar a buenas cantidades de artistas e intelectuales, pues, como se sabe, Carlos Salinas de Gortari ha sido el más grande cooptador de la historia de México, siempre listo a repartir dinero a todos los que fuesen necesarios con tal de que la gran mayoría siguiera empobreciéndose.

La cultura oficial se había vuelto conservadora, cómplice de la censura, neoelitista y paternalista. En ese contexto, la contracultura ofrecía un respiradero. La opresión avanzaba, pero la voluntad de expresión de muchos jóvenes buscaba salida y la contracultura seguía vigente en México.

Apéndices

Contracultura

Hay muchas maneras de entender el concepto de contracultura, según sea la posición que se tenga ante ella, según se simpatice o se discrepe. Aunque se tomaron en cuenta las ideas y puntos de vista de Fernando Savater, Luis Antonio de Villena, María José Ragué, Luis Brito García, Carlos Monsiváis, Parménides García Saldaña, Óscar Collazos, Theodore Roszak, Nathan Adler, Daniel Bell, Fred Davis, Frank Musgrove, Milton Yinger, Kenneth Westhues y otros pesos pesados, en este libro la contracultura abarca toda una serie de movimientos y expresiones culturales, usualmente juveniles, colectivos, que rebasan, rechazan, se marginan, se enfrentan o trascienden la cultura institucional. Por otra parte, por cultura institucional me refiero a la dominante, dirigida, heredada y con cambios para que nada cambie, muchas veces irracional, generalmente enajenante, deshumanizante, que consolida el *status quo* y obstruye, si no es que destruye, las posibilidades de una expresión auténtica entre los jóvenes, además de que aceita la opresión, la represión y la explotación por parte de los que ejercen el poder, naciones, corporaciones, centros financieros o individuos.

En la contracultura el rechazo a la cultura institucional no se da a través de militancia política, ni de doctrinas ideológicas, sino que, muchas veces de una manera inconsciente, se muestra una profunda insatisfacción. Hay algo que no permite una realización plena. Algo, que anda muy mal, no deja ser. Es lo que expresa la canción "Satisfacción", de los Rolling Stones, que no por nada es un cuasihimno en la contracultura y en la que por una cosa o la otra no se puede estar satisfecho. Ante esta situación la contracultura genera sus propios medios y se convierte en un cuerpo de ideas y señas de identidad que contiene actitudes, conductas, lenguajes propios, modos de ser y de vestir, y en general una mentalidad y una sensibilidad alternativas a las del sistema; de esta manera surgen opciones para una vida menos limitada. Por eso a la contracultura también se le conoce como *culturas alternativas* o *de resistencia*. No se trata de una subcultura, pues ni remotamente está por debajo de la cultura; podrá no conformarse con ella pero siempre se trata de fenómenos culturales.

Por lo general, se tiende a relacionar a la contracultura con los movimientos de rebeldía juvenil de los años sesenta, quizá porque al sistema le gustaría restringir ese tipo de acontecimientos a un área específica del tiempo. Eso ocurrió una vez y nada más. Mientras más rápido lo olvidemos, mejor. Sin embargo, es evidente que las manifestaciones contraculturales se pueden rastrear desde mucho tiempo antes y que aparecen desde antes de los sesenta y continúan después en México y en numerosas partes del mundo. Por lo general se debe tener en mente que a la cultura institucional le repele profundamente todo lo que sea contracultura, porque ésta muestra carencias evidentes y denuncia, a pesar de que a veces no se lo proponga, la enfermedad cada vez más grave de las sociedades manipuladas y sojuzgadas por centros de poder económico, político y cultural en todo el mundo. Por esa razón, desde siempre, la contracultura ha generado incomprensión y represión franca en la mayoría de los casos. La contracultura es un fenómeno político.

Es un hecho que la contracultura surge cuando aumenta la rigidez de la sociedad y las autoridades pregonan que todo está bien, de hecho, casi inmejorable, porque para ellos, en la apariencia, así lo está. Sin embargo, el desfase, la verdadera esquizofrenia, entre el discurso y la realidad es tan abismal que consciente o intuitivamente mucha gente joven lo percibe y por tanto desconfía de las supuestas bondades del mundo que ha heredado. Descree de las promesas y las metas de la sociedad y se margina, se apoya en jóvenes como él que viven las mismas experiencias y crea su propia nación, empieza a delinear modos distintos de ser que le permitan conservar vivo el sentido de la vida.

El sistema diagnostica todo esto como "romanticismo que pasa con el tiempo", pero, de cualquier manera, no deja de apretar tuercas. Como piensa que ser joven equivale casi a ser retrasado mental, no escucha razones ni planteamientos que se le hacen y en cambio, sin soltar el garrote, presiona para que el muchacho acepte acríticamente lo que se le dice, para que sea dócil y se deje encauzar por los bien pavimentados carriles de la carretera de las ratas. Si el joven no acepta, entonces se le regaña, se le desacredita, se le sataniza y se le reprime, con una virulencia que varía según el nivel de pobreza e indefensión. La de la contracultura es una historia de incomprensiones y represiones.

Características de los jipis

Los jipis y jipitecas fueron una continuación directa de los beatniks y mostraron varias señas de identidad fundamentales:

Rechazo al sistema. Jipis y jipitecas creían que la cultura dominante ya no tenía remedio. Había que hallar vías alternativas más allá de las ideologías y de la política tradicional de izquierda o derecha. Pero no se trataba de un apoliticismo sino de una forma de pacifismo manifestada en los lemas "amor y paz" y "haz el amor y no la guerra" que los Beatles afinaron al plantear "todo lo que se necesita es amor". En la práctica esto significó el rechazo y condena de toda forma de violencia, la adopción de formas gandhianas de resistencia pasiva y las ideas cristianas de "poner la otra mejilla" y de "no resistir al mal". Los yipis, a su vez, propusieron formas no violentas pero más activas de lucha política que se acercaban más al anarquismo de Bakunin que al de Stir-

217

ner. En México, sólo hasta los setenta hubo jóvenes que más o menos traían la onda yipi.

Rock. El rock fue el vehículo expresivo por excelencia, emblema de liberación emocional, contemporaneidad y alta tecnología, y centro de toda una estética que incluyó iluminación de espectáculos, proyecciones de manchas, diseño de posters y programas, dibujos, etcétera.

Drogas. Los alucinógenos eran el vehículo para una transfonnación cultural del ser humano, y la mariguana, una manera de estar cotidianamente en un nivel de percepción no ordinaria. Para el lado social, dionisiaco, se recurría al alcohol y las anfetaminas. Pocos jipis, y prácticamente ningún jipiteca, consumieron baibitúricos y opiáceos como la heroína.

Religiosidad. Los alucinógenos permitieron las experiencias religiosas sin la intermediación de sacerdotes o pastores. Hubo una vuelta al cristianismo primitivo, a diversas formas de paganismo y una clara inclinación hacia las religiones, doctrinas o prácticas orientales (especialmente el budismo, la meditación, el yoga, el zen y el taoísmo) y variadas formas de esoterismo (astrología, tarot, cábala, alquimia, magia, teosofía). Libros sagrados orientales como el *I ching*, el *Bhagavad ghita* y *El libro tibetano de los muertos* se volvieron populares, junto con los Evangelios y, en menor proporción, libros de Gurdieff, Ouspensky, Madame Blavatsky; los de Aldous Huxley, Allan Watts y Carlos Castaneda fueron muy leídos, al igual que Lewis Carroll y J. R. R. Tolkien. Jung era muy prestigiado, aunque poco leído. Todos estos textos referían directamente a experiencias interiores y señalaban que, como se decía antes, el alma es de naturaleza religiosa. Por otra parte se pudo ver que los grandes cultos institucionales, como el catolicismo y el protestantismo pero especialmente el primero, se habían vuelto inertes; ni estimulaban el contacto con Dios ni cumplían su función de aliviar y estabilizar el alma de cantidades cada vez mayores de gente, de allí el auge progresivo que tuvieron las sectas entre los más pobres, y el yoga, la meditación y otras disciplinas, entre la clase media, que después se incluirían en lo que se dio por llamar *new age*, o niu eich, una forma "decente" de acuarianismo.

Comunas. Fastidiados de la fetichización de la tecnología y de la vida contaminada de las ciudades, los jipis propusieron la vuelta a la naturaleza. Esto implicó una fuerte conciencia ecológica y la inclinación por el naturismo, vegetarianismo, macrobiótica, homeopatía y curanderismo. También significó el experimento de las comunas más o menos autárquicas, con un modelo más libre, menos rígido y autoritario de las relaciones humanas y especialmente de las familiares. El año 1969 fue clave también porque, cuando el hombre pisó por primera vez la Luna, tuvimos imágenes reales de la Tierra y se empezó a forjar una conciencia planetaria.

Hedonismo. La contracultura se abrió sin titubeos a la diversión, el placer y los juegos. Se promovió lo que Enrique Marroquín, basado en las ideas de Paul Lafargue, llamó "el ocio creativo" y que algunos jipitecas llamaron "hueva productiva". Se trataba de romper con la enajenación al utilitarismo y al trabajo con el solo objeto del lucro, el poder y el enriquecimiento personal.

Revolución sexual. Amor, sexo y erotismo fueron vistos como fenómenos naturales y saludables. Dada la represión de siglos en esta área, las reacciones del sistema fueron muy intensas y se consideró que la libertad sexual era libertinaje y proclividad a las orgías y el exceso. El nudismo, que los jipis practicaban a la menor provocación, fue motivo de escándalo. Jipis y jipitecas aprendieron a respetar las inclinaciones sexuales heterodoxas y simpatizaron con el movimiento de homosexuales y de feministas que se detonaron en los sesenta. La igualdad de los sexos fue un ideal que se proclamó pero que escasamente puso en práctica. La contracultura era indiferente a ritos sociales como el matrimonio y se inclinó por las uniones libres, por lo que las parejas se veían más como "compañeros".

Individualismo. A diferencia del individualismo egoísta del capitalismo ("me preocupo por mí y los demás que se las arreglen"), los jipis propusieron la idea de un individuo consciente, despierto, que se desarrolla mejor si lo hace en función de los demás ("mientras más me preocupo por mí mismo, más tomo en cuenta a los demás"), lo cual venía a ser una reelaboración de la idea cristiana de "amar a tu prójimo como a ti mismo".

Romanticismo. La creencia de que los alucinógenos podían cambiar el mundo y de que "todo lo que se necesita es amor" ubicaron a los jipis y jipitecas como románticos de una ingenuidad que en el mejor de los casos podía considerarse como inocencia o pureza. Como Parsifal, eran los tontos divinos.

Identificación con los oprimidos y especialmente con los indios. Esto se dio fundamentalmente a causa de las plantas de poder, en cuyo uso los indios mexicanos eran los máximos expertos, pero también en la apropiación de atuendos y en la creación de una artesanía que viene directamente de las etnias.

Lenguaje. Los jipitecas dieron forma a lo que después se llamó "lenguaje de la onda", un argot que incorporaba viejos coloquialismos populares, numerosos términos carcelarios, anglicismos y neologismos especialmente para denominar estados y situaciones generados por el uso de los alucinógenos.

Philip K. Dick

Un autor que decididamente forma parte de la contracultura es Philip K. Dick, que nació en Chicago en 1928 pero que casi toda su vida residió en el sur de California. Con Olaf Stapledon, Ray Bradbury, Theodore Sturgeon, Alfred Bester y Frank Herbert, su nombre está a la cabeza de la ciencia ficción contemporánea, pero por supuesto sus obras principales son tan vastas y complejas que con mucho rebasan el género y ubican a Dick en el campo de la gran literatura contemporánea.

Dick era un narrador nato, dotado de una insólita imaginación que se hallaba bien anclada en una observación penetrantísima de la realidad. En los años cincuenta era un joven definitivamente anticonvencional, con simpatías profundas hacia la generación beat, pero sus pasiones eran la ciencia ficción y la música clásica. Por supuesto, amaba el arte y la literatura, y aspiraba a producir obras perdurables.

Desde muy joven se dedicó a escribir profesional-
mente; es decir, fue objeto de explotación por parte de
los editores más chafas de ciencia ficción, quienes deli-
beradamente le quitaban el filo a lo que escribía y trataban de encuadrarlo en lo convencional. A lo largo de los
años cincuenta, Dick envió libros a un tipejo llamado
Don Wollheim, editor de Ace Books, quien le daba mil
dólares como pago total de cada libro, sin derecho a
regalías posteriores, y además censuraba y modificaba
sustancialmente los manuscritos. Dick vivía en pésimas
condiciones económicas y era consciente de que con
Wollheim no llegaría a ninguna parte, por eso se sintió
feliz cuando en 1958 J. B. Lippincott le compró *Tiempo desarticulado*, una de sus primeras grandes novelas,
pues eso lo liberaba de las infraeditoriales.

Desde muy joven Dick se inició en las drogas y
como los beatniks de los años cincuenta se interesó por
las doctrinas orientales y el *I Ching*, el cual le permitió
escribir la novela que en 1962 obtuvo el premio Hugo y
que lo sacaría del anonimato: *El hombre en el castillo*. Sin
embargo, Dick no mejoró gran cosa económicamente y
sí se vio cada vez más metido en el mundo de las drogas: anfetaminas que le permitían escribir tres libros
por año, grandes cantidades de barbitúricos (nemerol,
nembutal, fenobarbital, darvón, digitalis, etcétera, etcétera) y, en menor medida, alucinógenos, que eran tan
fáciles de conseguir en los años sesenta. En realidad

este nivel de atacón de Dick sólo es comparable a las cantidades inverosímiles de opio con que se atiborraba Thomas de Quincey, o por supuesto el jefe William Burroughs, que textualmente se ha metido de todo. Tanta droga le permitió a Dick expandir su conciencia y ampliar sus temas, pero también acabó de freírle el cerebro a fines de los setenta y principios de los ochenta, como deja ver en su terrible obra maestra *Una mirada en la oscuridad* (*A scanner darkly*). Esquizofrenia, intentos de suicidio, hospitalizaciones y angustias abismales fueron constantes en él hasta que murió en 1982, a los cincuenta y cuatro años de edad.

A partir de los sesenta Dick concentró su temática en metáforas de un futuro que alude al presente, en la fascinación por el pasado trastocado en futuro, en la relatividad de la realidad y del tiempo, en problemas esenciales de identidad a través de implantes cerebrales que borran la memoria y añaden datos falsos, por lo que recordar se vuelve decisivo; en la cuestión de los androides, o sea: la humanización de las máquinas o la mecanización humana; en los peligros de las armas nucleares, del belicismo, el militarismo y el imperialismo de Estados Unidos; en la manipulación política de la información; en las posibilidades benéficas y dañinas de las drogas, pero también en la locura y muy especialmente en la esquizofrenia, de la que era experto; en inventos portentosos, en mundos paralelos y en imposturas de todo tipo, en juegos de espejos y espejismos, en la precognición del futuro y, por último, en la naturaleza del alma y su relación con Dios, un dios sumamente desmitificado que mezcla a Yavé con la más avanzada cibernética; éste es el tema de sus últimos libros, pues en 1974 Dick experimentó "una invasión divina" que lo transformó por completo y que le permitió redondear una erudición impresionante en cuestiones religiosas, místicas, antropológicas, filosóficas y metafísicas.

Dick escribió casi cuarenta libros, entre los que destacan sus tres voluminosas colecciones de cuentos y novelas como *Tiempo desarticulado*, *El hombre en el castillo*, *Tiempo de Marte*, *Los tres estigmas de Palmer Eldrich*, *Los jugadores de Titán*, *Gestarascala* (*Ceramic pot healer*), UBIK, *¿Sueñan los androides con ovejas eléctricas?* (o *Blade runner*), *Fluyen mis lágrimas dijo el policía*, *La penúltima verdad*, *Una mirada en la oscuridad* y la trilogía SIVAINVI (VALIS), *La invasión divina* y *La transmigración de Timothy Archer*. También escribió novelas que no son de ciencia ficción, que son interesantes (bueno, *Las confesiones de una artista de cagada* es excelente), pero lo mejor está en los títulos mencionados. En los primeros libros el estilo es más bien plano y lo que destaca son las historias, la imaginación, la crítica desde una perspectiva humanista y un sistema de estructuración no siempre feliz a base de planos narrativos paralelos. En la actualidad, Dick es un autor de culto entre los cienciaficcioneros, pero el conocimiento de su obra continúa expandiéndose y ahora es común oír que se le asocie con Borges, Kafka, Calvino y otros pesos completos de ese calibre.

Parménides

Parménides García Saldaña nació en Orizaba, Veracruz, en febrero de 1944, pero siempre vivió en la ciudad de México, colonia Narvarte (Eugenia y Xochicalco, para ser preciso). Creció y estudió en un contexto de clase media, con todos los horrores y virtudes que esa capa social mostraba a fines de los cincuenta y principios de los sesenta.

Desde niño, Parménides se abrió a sus dos grandes pasiones: el rock y la literatura. El rocanrol, como a muchos chavos de clase media, conmocionó a Parménides, quien vivió hasta el fondo los conflictos de la llamada brecha generacional; sus padres no entendían el ruidoso gusto por el rock ni la rebeldía de su hijo, quien además frecuentaba a los chavos más gruesos del rumbo. La literatura, por su parte, fue alimento sagrado para el Par, quien se volvió fan de Scott Fitzgerald, Hemingway, Mailer y Salinger, pero en especial de Ginsberg, Kerouac y Burroughs. La rebeldía de los beatniks se combinó con el interés que Parménides tenía por el marxismo, el cual había heredado de su padre, quien en su juventud se inclinó por las luchas sociales.

Con el tiempo, Parménides se volvió un "joven problema"; tuvo conflictos en la escuela y, como era de esperarse en alguien con recursos, su padre lo envió a un internado en Baton Rouge, Lousiana, Estados Unidos, donde en un principio Par estuvo contento, ya que la vida gabacha siempre lo había atraído. Pero pronto descubrió que lo que le gustaba de Estados Unidos era la marginalidad contracultural. Descubrió los bares negros de Nueva Orleans y no tardó en huir de la escuela para rolarla por los barrios bajos, oyendo rock, blues y jazz.

Cuando regresó a México decidió estudiar en serio y se enroló en la Escuela de Economía de la UNAM. No había dejado de leer y por esas fechas se puso a escribir cuentos, pero pronto desertó de la escuela otra vez y se dedicó al reventón con sus amigos, entre ellos el actor Arsenio Campos. Por otro lado, Parménides se hizo amigo del crítico literario Emmanuel Carballo, quien leyó sus cuentos y le dio tips para quitarle algunas ingenuidades "realista-socialistas" que le había metido el marxismo. Los textos que pasaron la crítica de Carballo a la larga constituyeron el material de *El rey criollo* (1970), que de haber aparecido cuando se escribió (entre 1964 y 1966) habría compartido la conmoción literaria que causaron *Gazapo* y *De perfil*. Los cuentos de Parménides, además de sus valores literarios, eran una radiografía lapidaria y penetrante de la clase media de la época. El estilo aún no era tan expansivo como en *Pasto verde*: era, hasta cierto punto, contenido, pero ya estaba cargado de humor corrosivo, de ingenio y de una visión que observaba los datos que están por debajo de la superficie. Después de esta mirada desoladora e inmisericorde de la clase media, Parménides se metió de lleno en la contracultura con su relato "El rey criollo", que dio título a su volumen de cuentos.

Además de la relación con Carballo, Parménides se hizo amigo del dylaniano escritor Juan Tovar y del renacentista contracultural Ricardo Vinós. Con ellos escribió una adaptación de "Pueblo fantasma", un cuento de Juan Tovar, que obtuvo el tercer lugar en el concurso de guiones que ganó *Los caifanes*, de Carlos Fuentes y Juan Ibáñez. Para esas fechas las cosas marchaban bien para Parménides, ya que se reventaba pero escribía. Sólo le fallaban las chavas, a las que idolatraba y detestaba al mismo tiempo. Pero nunca encontró la manera de abordarlas. Supongo que era tan fuerte su instinto creativo que el amoroso se debilitó. Tenía la pésima costumbre de enamorarse de las mujeres de los cuates: se clavó con la esposa de Juan Tovar, la de Arsenio Campos, la de Valentín Galas y la mía, pero especialmente de Tania Zelaya, entonces casada con Ricardo Vinós, y le dedicó un largo y prescindible poema en *Pasto verde*. Sólo ella le hizo caso un tiempo y el amor estuvo a punto de ahorrarle la locura, en la que Parménides se iba despeñando porque, entre otras cosas, le gustaba. "Fuera de mí, fuera de mí, dentro de mi propia fantasía" es la oración final de *Pasto verde*, que extrañamente ya no aparece a partir de la segunda edición. La gruesez del reviente, la intensidad de la sicodelia y la nostalgia de la chava, siempre cerca y siempre lejos, pronto lo llevaron al truene. Varias veces rompió los cristales, los cables y todo lo que pudo de las casas de Emmanuel Carballo, Ricardo Vinós, Juan Tovar y por supuesto de la de sus propios padres, quienes lo metieron en un hospital siquiátrico.

Salió más grueso y caótico. Probó el LSD y se despeñó en una experiencia terrible que apenas pudo soportar. Con una copa, un par de cervezas o unos cuantos toques se prendía durísimo, y como era bueno robando botellas de los supermercados, jamás le faltaba qué beber. Aterrorizaba en los cocteles literarios, a los que llegaba con su runfla de la Narvarte. Una vez le propinaron una golpiza despiadada a Juan Vicente Melo, quien los invitó a su casa con la esperanza de ligárselos. El famoso coctel de Carlos Fuentes de La Ópera, 1969, concluyó con el pleito de Parménides contra Gironella y Severo Mirón. Después vino la bronca con Octavio Paz, quien había encargado a Ignacio Solares y a Esther Seligson una antología de literatura de jóvenes para su revista *Plural*. Como no lo incluyeron, Parménides se puso furioso y se lanzó a las oficinas de *Plural* con intenciones de armarle un escándalo a Paz. Solares lo atajó cuando llegaba y eso permitió que el poeta se escondiera dentro del escusado del baño. Ante eso, Parménides procedió a patear a Solares, hasta que de las oficinas de *Revista de Revistas* salió el hijo de Álvarez del Villar, quien con Solares revirtió la golpiza. A los pocos días Parménides se emborrachó con Eduardo Deschamps en el Sanborns del María Isabel, armaron un escándalo monumental y los dos acabaron en la cárcel. Detestaba a la autoridad y le daba por insultar a los policías. Chinga tu madre, pinche tira naco, pendejo, culero, ¿quién eres tú?, un pobre pendejo, les decía, en cambio yo he leído a Mailer, a Cortázar, a Revueltas. Por supuesto, inevitablemente lo acababan aplanando a golpes y lo llevaban a las delegaciones policiacas. (De esas experiencias salió el relato "De barbas".)

En medio de todo esto, Parménides se hizo muy amigo de Elena Poniatowska. Los dos se hablaban de usted. También participó en el concurso de primera novela de la Editorial Diógenes, que ganó *En caso de duda*, de Orlando Ortiz. Parménides participó con *Pasto verde*, que inicialmente se llamaba *La onda*. A la novela no le fue mal en un principio y de no haber sido por el espanto que causó a algunos intelectuales quizá después habría sido un texto más apreciado. *Pasto verde* es un caso único en la literatura mexicana, por lo catártico y libre; en su naturaleza cabe todo tipo de exceso, y eso hace que la lectura a veces se arrastre, pero en general es un libro que reta al lector y que lo obliga, en cierta forma, a vencerse a sí mismo. Por una parte deja claro lo que para él era la onda, sus mitos, sus héroes, sus modos de ser. También es una manifestación de la lucidez de la locura. Después publicó *En la ruta de la onda*, un ensayo que teoriza y describe la contracultura de los sesenta.

Se hizo gran amigo de Alejandro Lora y del Tri, y acompañó al grupo en tocadas y reventones. También quería mucho a Fito de la Parra, baterista de Canned Heat, quien invitó varias veces al Par a Los Ángeles y lo atascó de blues y anfetaminas. Fito es el tema de un relato espléndido, "El callejón del blues". Frecuentó los hoyos fonquis y convivió con el personal, para entonces al lado de Valentín Galas y Lucrecia Bermúdez, o de Jesús Luis Benítez, el Búker, cronista de *Piedra Rodante* y otra leyenda con patas in his own right. Joaquín Mortiz le publicó el libro *Mediodía*, a mediados de los setenta, cuando el Par jugaba a la ruleta rusa mental con Luis Carrión, Juan Tovar y Jorge Fons. Es el libro menos interesante de Parménides.

Siguieron los ingresos en los manicomios. Yo lo fui a visitar al Floresta y al San Rafael. A veces se asomaba la parte responsable y hacía intentos, casi siempre efímeros, por bajar el volumen del atacón y por escribir más, trabajar y ganar algún dinero. Escribió un excelente volumen de cuentos, *El callejón del blues*, que Joaquín Mortiz le contrató. Sin embargo, Parménides enfureció, en uno de sus ataques-pasones, porque se tardaban mucho en editarlo y retiró el texto de la editorial. Finalmente en 1976 lo vendió por diecisiete mil pesos a Víctor Juárez, un editor de revistas caras, que inexplicablemente retuvo el manuscrito durante casi veinte años y cuando lo publicó le cambió el título por *En algún lugar del rock* y mezcló los cuentos que Par había elegido con artículos periodísticos de la última etapa, cuando estaba más loco que nunca; algunos eran francamente incoherentes o la locura estaba detrás de la fachada, como en sus apologías de Stalin.

Un día, una vez más se puso como fiera y destruyó todo lo que pudo de la casa de sus padres; su madre quiso contenerlo y Parménides la trató de matar, pero uno de sus hermanos lo detuvo. Su padre lo envió a la cárcel, fastidiado ya de tanto escándalo, pero una tía, Magdalena Saldaña, periodista de *Excélsior*, logró sacarlo. Lo primero que hizo Parménides fue volver a su casa con la intención de acabar de matar a su madre. Nuevamente fue enviado a la cárcel, esta vez al Reclusorio Norte, donde pasó tres años en compañía de, *of all people*, Guillermo Rousset, traductor de Ezra Pound y uno de los máximos locos del comunismo mexicano. Cuando salió, Parménides ya no recuperó la brújula y sus momentos de lucidez se extinguían paulatinamente. La cárcel lo hizo añicos. Su mejor hazaña fue asistir al congreso de fundación del PSUM, donde se puso a gritar "¡farsantes, farsantes!" Para esas alturas había sido poseído por la fantasía de que su padre fue un gran amigo de Stalin y que éste era la gran luz del comunismo; por tanto, cuando insultó a los del PSUM lo hizo desde una posición estalinista.

Ya estaba muy tocado. Vivía de los artículos que le publicaba semanalmente su tía Magdalena Saldaña en el suplemento cultural del *Excélsior*. Le entusiasmó la onda punk, como era de esperarse. Seguía reventándose, pero le costaba más trabajo regresar a su normalidad ya para entonces bastante pirada. Vivía en un cuarto que le rentaba su padre, en medio de quejas de los vecinos. A veces le daba sus vueltas a la Dirección de Literatura del INBA, entonces encabezada por Gustavo Sainz Fiction. Escribía textos que se le venían a la cabeza, pero ya no los podía trabajar. En 1983 murió de pulmonía, solo, en su cuarto.

Carlos Castaneda

En 1968 Carlos Castaneda publicó *Las enseñanzas de don Juan. Un método yaqui de conocimiento*, su tesis de doctorado en antropología que presentó en la Universidad de California, Los Ángeles. En este libro refirió que, por investigar la cultura del peyote, conoció a un viejo, a quien dio el nombre de Juan Matus, que en realidad era un brujo de poderes formidables. Castaneda creyó convencerlo de que fuera su informante, pero acabó convirtiéndose en su aprendiz; fue el triunfo de la magia sobre la antropología, dijo Octavio Paz, quien prologó la edición mexicana en 1972. Para empezar, don Juan se consideró un "hombre de conocimiento", en contraposición a la idea del chamán tradicional. Un hombre de conocimiento tenía que ser como un guerrero para enfrentarse a los peligros del mundo de la brujería. Tenía que vencer a los cuatro enemigos del hombre de conocimiento: el miedo, la claridad, el poder y la vejez. En todo caso había que acumular poder personal y aprender a *ver*, es decir, percibir aspectos de la realidad que no eran aparentes y que sólo se distinguían a través del ejercicio de una serie de técnicas que además incrementaban el poder personal. Para facilitar la comprensión del discípulo, y también a causa de una insistencia empecinada por parte de Castaneda, don Juan lo sometió a la prueba de que hallara "su sitio exacto" en un corral y sólo así le dio una dosis pesadísima de peyote y después lo hizo participar en un mitote, o ingestión colectiva de peyote, en una comunidad de yaquis. También le untó toloache, lo hizo volar como pájaro y hallar un objeto que había perdido en su casa de Los Ángeles. Luego le dio a fumar una pipa en la que al aspirar el humo de varias yerbas ingería también hongos alucinantes secos y finamente pulverizados. Todos estos viajes despedazaron a Castaneda, quien huyó de don Juan con la certeza de que había fracasado ante el miedo, el primer enemigo del conocimiento.

Los jipis leyeron *Las enseñanzas de don Juan* y lo declararon texto clave. La edición de la UCLA se agotó con rapidez y el libro se reeditó en Simon & Schuster, una de las grandes casas editoriales de Estados Unidos, donde se volvió un *bestseller* instantáneo. Pero la historia apenas empezaba. En 1970 Castaneda publicó un segundo volumen, *Una realidad aparte. Nuevas enseñanzas de don Juan*, en el que contó el reinicio de su aprendizaje. El viejo brujo le administró fuertes dosis de humito, los hongos secos aspirados a través de una pipa, y le presentó a don Genaro, un brujo muy divertido, de naturaleza y técnicas distintas pero complementarias a las de don Juan, quien, mediante proezas de un equilibrismo imposible, contribuyó a que Castaneda, un racionalista empedernido, pudiese *ver*, lo cual no lograba a pesar de tanto esfuerzo. Don Genaro a su vez tenía dos discípulos, Pablito y Néstor, que se volvieron compañeros de Carlos Castaneda.

En *Viaje a Ixtlán. Las lecciones de don Juan* (1972), Castaneda reinicia la narración desde una perspectiva enteramente distinta, pues de pronto comprendió que el uso de alucinógenos no era necesario para ser un hombre de conocimiento. Había malentendido todo por su interés desmesurado por las plantas de poder. Por tanto, recapituló su relación con don Juan para establecer las técnicas para *ver* y ser un hombre de conocimiento sin necesidad del empujón alucinogénico. El objetivo de este cuerpo de técnicas y principios tenía como una de sus metas "parar el diálogo interno", el cese del flujo continuo e indetenible de pensamientos que se expresan como voces en el interior de uno. Era indispensable también que el brujo perdiera la importancia de sí mismo, que eliminara las rutinas y asumiera la responsabilidad, y que creara una niebla en torno a su identidad a fin de no tener requerimientos de nadie y disponer así de una libertad más plena. Había que vivir como un guerrero, buscando la impecabilidad en cada uno de los actos, con la conciencia de que la muerte siempre está al lado y puede ser una buena consejera. Don Juan le explicó a Castaneda que todo lo que se percibe es una ilusión, una manera de encarar la realidad que se aprende desde que se nace y que continuamente se fija en uno a través del flujo de pensamientos, de allí la importancia de parar el diálogo interno y de seguir sus lecciones si quería *ver* y obtener el poder personal necesario para ser brujo. El cuerpo humano, por ejemplo, decía Castaneda que decía don Juan, en realidad era un "huevo luminoso"; es decir, cuando se *veía*, el cuerpo aparecía como una forma oval, llena de luces de colores.

En *Relatos de poder* (1974) don Juan reveló que sus poderes eran tan vastos que podía estar en dos sitios al mismo tiempo y vestirse como un accionista de la bolsa de valores; un día apareció con un traje de fino casimir con el que parecía todo menos un indio y mediante un "empujón" hizo que Castaneda de pronto asistiera a otro tiempo y otro lugar. Después, en un restorán, le explicó las ideas del tonal y el nagual. El tonal era todo lo que pertenecía a este mundo, incluyendo las realidades del inconsciente y a Dios también. El nagual, a diferencia del concepto tradicional, era todo lo que estaba más allá del tonal, lo inaprehensible, inconquistable e incognoscible pero indispensable para que el hombre de conocimiento desplegara todos sus poderes. Nagual también era un hombre de conocimiento en torno al cual se reunían los brujos toltecas, porque resultó que la brujería de don Juan ya no era un método yaqui de conocimiento sino un sistema panindio que se conocía como "tolteca". En todo caso, para entrar en el mundo del nagual había dos grandes caminos: el ensueño y el acecho, con técnicas enteramente distintas, y cada brujo elegía el camino que más se ajustara a su naturaleza. Don Juan y/o Castaneda siempre se inclinaron más por el ensueño. Para ensoñar había que parar el diálogo interno, ver las manos extendidas y ordenarse a uno mismo que al soñar vería las manos tal como las veía en ese momento. Una vez que esto se lograba, se iban manipulando los sueños hasta que la realidad onírica se empalmaba con la de la vigilia, y el brujo en buena medida disponía de los recursos mágicos de los sueños en el mundo externo. Finalmente, don Juan refirió que él, como nagual de su grupo de brujos, tenía que irse de este mundo. Castaneda, con sus condiscípulos, deberían brincar, al fondo de una barranca y llegar al fondo sin hacerse daño. Él era el nagual del nuevo grupo de brujos toltecas al que pertenecían Pablito y Néstor. En efecto, los tres saltaron al abismo; sus cuerpos se desintegraron en partículas infinitesimalmente pequeñas que tenían conciencia de sí mismas, de su relación con las demás y de la totalidad de la personalidad. En fracciones de segundos, el cuerpo de los discípulos se reintegró en el fondo de la barranca y desde allí vieron a don Juan, a don Genaro y a los demás brujos del grupo desvanecerse, en cuerpo y alma, en el cielo. Con este cuarto volumen se cierra un ciclo en la saga castanedeana, en el que aparece "físicamente" don Juan. Sin duda estos cuatro libros son los mejores de toda la serie, que a mediados de los noventa constaba de nueve títulos. En México el Fondo de Cultura Económica los publicó en excelentes versiones de Juan Tovar.

En *El segundo anillo de poder* (1978) Castaneda regresó a México porque era el nagual de su grupo, sólo que él venía a ser un nagual muy raro, seguramente porque no era indio; en el "huevo de luz" que era el cuerpo "algunas personas mostraban cuatro compartimentos", y ése era el signo de que se trataba de un nagual; Castaneda era un caso insólito entre los naguales porque tenía tres y no cuatro compartimentos. Todo esto resultó decisivo porque Castaneda nunca pudo integrarse debidamente, y mucho menos conducir a su grupo de brujos, que se hallaba compuesto de doña Soledad, una mujer horrenda que a base de brujería se convirtió en una bella joven, tan avanzada que en realidad se desligó de Castaneda una vez que lo puso a prueba. Descontándola, quedaban cuatro hombres: Pablito, Néstor, Eligio y Benigno, y cuatro mujeres: Elena, la Gorda, que como doña Soledad se había metamorfoseado

y de gorda repugnante pasó a ser una guapa y apeteci-
ble bruja, y las hermanitas Lidia, Rosa y Josefina, unas
verdaderas amenazas y también buenísimas. Ninguno de
ellos le tenía el menor respeto a don Carlos, especialmente las mujeres, salvo la Gorda, la prudente, que vino
a asumir un papel parecido al de don Juan. Estos brujos
pasaban todo el tiempo peleando, y Castaneda los metía
al orden con grandes trabajos, mediante un poder que no
podía controlar y que le salía sólo en el máximo peligro.

El don del Águila (1981) es el libro clave de la segunda serie. En Oaxaca, Castaneda y su grupo descubrieron que la tarea inmediata que tenían era recordar.
Resultó que, con un golpe seco en la clavícula (llamado
"el chingazo del nagual"), don Juan metía a los discípulos en un "estado de conciencia incrementada", en que
estaban más alertas y comprendían las cosas con mayor
precisión y profundidad. Ya en esa condición, don Juan
les daba enseñanzas complejas y secretas que en estado
normal no habrían podido asimilar. También los intro-
dujo con los brujos de su grupo: Genaro, Silvio Manuel,
Delia, Cecilia, Emilito, Teresa, Carmela, Hermelinda,
Zoila, Zuleica, Marta, Florinda, Nélida, Vicente y Juan
Tuma. Sin embargo, después de otro chingazo, don
Juan los devolvía al estado de conciencia ordinario y los
discípulos olvidaban todo lo que había ocurrido, de allí
que ahora tuviesen que recordar todo lo que ya sabían
pero olvidaron. Además, en ese estado de conciencia in-

crementada, don Juan les habló del "don del Águila". La realidad se hallaba compuesta por líneas de luz que fluían y se entrecruzaban; la fuente de esa extraordinaria energía era "el Águila" y se hallaba en el territorio del nagual. Por supuesto, no se trataba de un águila propiamente, pero quienes la habían visto le encontraban esa forma, y por eso los brujos toltecas así le decían. El Águila, esa fuente de poder, no sólo originaba la materia prima de la realidad sino que de ella brotaba la conciencia humana y a ella regresaba, pues, al morir, la conciencia de los hombres era succionada por el Águila. Los hombres de conocimiento no podían vencer a la vejez, pero sí evadían esa fatalidad pues no morían y pasaban al mundo del nagual sin cancelar la posibilidad de darse unas vueltas por el mundo fenomenológico, el del tonal. Por otra parte, la percepción humana se daba porque el hombre naturalmente no era de carne y hueso, sino un huevo luminoso lleno de las emanaciones del Águila, las mismas líneas de energía que componían la materia; a la altura de los omóplatos, justo donde don Juan aplicaba el chingazo, los seres humanos tenían "la banda de la percepción", donde se hallaba "el punto de encaje" que siempre estaba fijo en un solo sitio cuando en realidad podía moverse por toda la banda, un poco como la aguja se desplaza por el cuadrante de un radio y donde se detiene sintoniza una estación distinta. Cuando las emanaciones del exterior cruzaban el punto de encaje y se alineaban con las del interior, se daba el fenómeno de la percepción ordinaria, lo que don Juan llamaba "la primera atención". A través de las técnicas del ensueño los brujos aprendían a desplazar el punto de encaje y, por tanto, a percibir las realidades más extraordinarias. Ésa era la segunda atención.

En *El fuego interno* (1984), *El conocimiento silencioso* (1990) y *El arte de ensoñar* (1994), Castaneda refirió que inevitablemente tuvo que separarse de su grupo de brujos indios y que durante un tiempo se dedicó a la tarea de recordar con la compañía de la Gorda, quien lo acompañó a Estados Unidos. Los dos recordaron lo que don Juan les enseñaba por "el lado izquierdo", es decir, cuando les hacía cambiar de conciencia al golpearlos en la espalda, en el punto de encaje de la banda de la percepción. Principalmente se trataba de las historias, muchas veces sensacionales, de los brujos del grupo de don Juan, y de lo referente al propio desarrollo de Castaneda y la Gorda, quienes, después de muchas vicisitudes, lograron "el fuego interno", una autocombustión espiritual indispensable en los hombres de conocimiento. La Gorda desapareció de los libros, y Castaneda constató que el mundo que vivía sólo era uno entre muchos mundos consecutivos, como si fueran capas de una cebolla, y que para entrar en ellos se requería perfeccionar el ensueño e intentar las cosas. Después, Castaneda formó un nuevo grupo de brujos, esta vez blancos y estadunidenses. Eran Florinda Donner, Taisha Abelar y Carol Tiggs, la mujer nagual (o al menos ésas son las mencionadas en *El arte de ensoñar*). Las tres también habían sido discípulas de don Juan y Castaneda ya las conocía en la segunda atención, pero las había olvidado hasta que las recordó y las contactó en el plano físico.

El arte de ensoñar ha sido el último de los libros sobre las enseñanzas de don Juan y las aventuras de don Carlos. Las compañeras de Castaneda a su vez han publicado varios libros, así es que este sistema peculiar y sui generis se ha multiplicado en varias ramificaciones. En 1995 Carlos Castaneda regresó a México y dio un seminario sobre tensigridad (un concepto arquitectónico que combina la tensión y el equilibrio), la cual se apoyaba en buena medida en ejercicios respiratorios. Un año después el seminario se repitió, pero esa vez estuvo a cargo de las brujas. Podía inferirse, hasta que Castaneda y su *gang* no lo contaran en un libro, que el nuevo grupo había funcionado bien y que se había expandido. Sólo restaba por ver si estos brujos gringotecas daban el paso y se convertían en un grupo espiritual más amplio o en una industria.

En todo caso, Carlos Castaneda resultó un escritor formidable, con un don narrativo fuera de serie, y sus libros también se pueden leer como fascinantes novelas fantásticas, una especie de *Mil y una noches*. Si se leen como lo que dicen ser: documentos de una experiencia real en una desconocida brujería mexicana, hay que tener a mano un buen grano de sal. Sin duda una gran base de realidad sustenta las crónicas castanedeanas, al igual que es innegable una auténtica búsqueda espiritual, pero también es visible un intrincado, inteligente e imaginativo tejido de ideas e historias de todo tipo, lo que no descarta que estos libros sean una parábola, la metáfora elaboradísima de una iniciación espiritual y quizá la del nacimiento de un sistema pararreligioso.

Epílogo

Un libro de resistencia para los futuros mutantes

Escribo el epílogo de esta nueva edición del libro de José Agustín no sólo como editor de su primera edición de 1996, sino también como discreto actor (y sobreviviente) del fenómeno cuya historia y significado aquí se registran. Desafortunadamente, ahora no puedo considerarme parte de la contracultura, como sí le ocurre al prologuista de esta misma edición, Carlos Martínez Rentería. Pero lo fui, y la verdad es que ese hecho me marcó para siempre. Pero dejo "mis confusiones" (haciendo eco de mi maestro Rius) para otra ocasión. Sólo indicaré que la revista contracultural que edité en 1972 aparece mencionada en la página 156 de la presente obra.

Lo importante es haber leído, de nuevo, el libro de José Agustín, que al implantar como epígrafe una cita del genio replicante, Philip K. Dick, advierte ingeniosamente por dónde irá su búsqueda. El texto citado revela el camino con base en interrogantes, de las cuales se desprende que el autor pretende hacer frente al "imperio de la falsedad" con un "libro de resistencia", para que la "libertad y la independencia" se levanten en formas insospechadas; y no sólo eso: si el enemigo encuentra cómo abolir esta rebelión, también se contemplarán respuestas imaginativas contra la represión. Todo un programa contracultural, y aún no se entra en materia.

En el prólogo, José Agustín observa que hay muchas formas de contar la historia de la contracultura, "porque todos hablan de la feria como les fue en ella"; además de que en ese momento —la mitad de la década de los noventa—, escribir o hablar de este tema equivalía a "patinar en el suelo de lo inmediato". Algo subjetivo y demasiado cercano. Aunque habrá muchos que a larga distancia, casi medio siglo después, confesemos que aquellos fueron los mejores años de nuestra vida, y si no los mejores, sí los más divertidos. Pero, además del gozo, la contracultura nos formó y nos hizo madurar; y también reconocemos que gracias a ella aprendimos a sobrevivir, a resistir, en esta sociedad de "las mentiras viciadas", para seguir con la interpelación del mutante Dick.

Al leer otra vez toda la historia —que casi me sé de memoria y en buena medida viví— no puedo dejar de pensar en los nuevos lectores, en aquellos que tienen 15 o 16 años y ya están hasta la madre del Sistema, para usar un término con mayúsculas muy popular en los sesenta. No sé bien si en estas páginas encontrarán las respuestas que buscan —ni siquiera sé si están buscando algunas—, pero de lo que estoy seguro es que además de informarse de lo que sucedió con el rock, los jipitecas, los alucinógenos y todo lo subsecuente, van a gozar esta crónica escrita a través de una prosa rodante y antisolemne que no ha perdido un ápice de su frescura original. Y si están leyendo esto después de haber terminado el libro —cuando, se supone, debe leerse un epílogo—, también estoy seguro de que no van a contradecirme.

Pero ¿qué debe entenderse por contracultura? Al final de su crónica y para evitar malentendidos, José Agustín introduce un importante apéndice donde acomete el desciframiento de este concepto. Coincido con el prologuista de esta nueva edición en que uno de los grandes aciertos del libro consiste en romper la duración que se ha querido imponer al fenómeno: "Límites aproximados 1966-1972". Quien consigna este registro es ni más ni menos que Carlos Monsiváis, el crítico más importante y menos indulgente que ha tenido la contracultura autóctona. El largo ensayo-crónica que dedicó al tema, "La naturaleza de la Onda", fechado 1972-1974, forma parte de su libro *Amor perdido* (1977), y vale la pena detenerse en lo que sostiene y en la fundada refutación del autor de *La contracultura en México*.

Para empezar, Monsiváis descalifica a este fenómeno como se da en México y se niega a llamarlo contracultura

("Un nombre para este caos... la Onda"), alegando que aquí, a diferencia de Estados Unidos e Inglaterra, "la contracultura como posibilidad o incluso como membrete, será... un descubrimiento póstumo". El término "Onda", con mayúsculas, lo tomó de Margo Glantz, pues como explica el propio Agustín en el presente libro, ella publicó en 1969 una antología de literatura joven en México que tuvo éxito y se reeditó con el título de *Onda y escritura en México*. Por supuesto, la literatura de José Agustín formaba parte de la antología, como distinguido exponente de la Onda, aunque esta clasificación reduccionista, como él mismo escribe, "mandó a la onda al museo de los horrores y propició que el Establishment cultural condenara, satanizara y saboteara esa literatura".

Además de establecer su temporalidad en sólo seis años, Monsiváis postula que la "Onda", para nosotros contracultura, tiene las siguientes características: la "norteamericanización" cultural, la devoción por el rock y el "gusto generacional" por la mariguana. A los militantes de ese caos llamado "Onda" les concede cierta voluntad (aunque la considera más bien un "deseo confuso") de "crear a semejanza de lo que ocurre en Estados Unidos, una sociedad aparte, una nación dentro de la nación, un lenguaje a partir del lenguaje".

Estas imputaciones ya estaban presentes en una carta sobre Avándaro, enviada por Monsiváis a *Excélsior* desde

Inglaterra, y que José Agustín refuta así: "Acusar... a los chavos de la onda de 'sentirse gringos' y de 'desear ser extranjeros' era como cuando se decía que los viejos comunistas se sentían rusos y 'deseaban ser extranjeros'". Resulta paradójico que, como aquí se señala, un crítico del Sistema, con conciencia social profunda y una postura radical de izquierda, que tantas veces apoyó a los movimientos sociales y a muchas otras causas que consideraba auténticas, fuera tan severo con los jipitecas. Y se trata de una postura que no rectificó nunca; en su último gran libro de crónicas, *Apocalipstick* (2009), vuelve de paso al tema, aunque esta vez sí concede el uso del término que se había negado a utilizar, y escribe: "Esto también son los setenta: el recuerdo del festival de Rock de Avándaro y la irrupción (breve) de la contracultura... y —Om, Om— el Lobsang Rampa de *El tercer ojo*, o *Las enseñanzas de don Juan* de Carlos Castaneda".

Frente al menosprecio del intelectual por la contracultura mexicana, José Agustín también fija claramente su postura: "Don Carlos volvió al tema en su libro *Amor perdido* y, al igual que en su parte de la *Historia general de México*, matices más matices menos, de nuevo descalificó a la onda por desnacionalizada, imitativa y apolítica. Qué país". Quién iba a decir que, por esta causa, a nuestro mayor cronista y crítico social se le iba a aplicar la irrespetuosa expresión "Qué país". Otro mérito indiscutible del libro que conmemoramos.

Pero más allá de la polémica, hay que destacar cómo en el apéndice mencionado se clarifica lo que en realidad representa la contracultura: "... una serie de movimientos y expresiones culturales, usualmente juveniles, colectivos, que rebasan, rechazan, se marginan, se enfrentan o trascienden la cultura institucional... a la contracultura también se le conoce como *culturas alternativas o de resistencia*". Pero todo esto ha sucedido desde antes de que aparecieran las manifestaciones que se examinan en estas páginas. Y tampoco la contracultura se agotó en el jipismo, sino que ha seguido viva a través de los punks, las bandas, los grupos de rock no comercial y muchas otras expresiones culturales y artísticas de este nuevo siglo. Ha persistido y lo seguirá haciendo porque la resistencia al *statu quo* es su naturaleza y su verdadero poder.

¿Qué otras tribus urbanas surgirán para seguir manteniendo viva esta nueva tradición de la ruptura? ¿Qué mutaciones contraculturales nos depara el futuro? A esas preguntas no responde José Agustín, pero seguro que vendrán otros que seguirán el camino abierto por él y visualicen e interpreten a los mutantes juveniles del futuro.

ARIEL ROSALES
Sur de la Ciudad de México
Marzo, 2017

Bibliografía

Gonzalo Aguirre Beltrán: *Medicina y magia*, 1963.

José Vicente Anaya: *Cayeron del cielo gruesssos*, 1987.

Federico Arana: *Guaraches de ante azul*, 4 vols., 1985.
Roqueros y folcloroides, 1988.

Fernando Benítez: *En la tierra mágica del peyote*, 1967.

Bennett Berger: *The survival of a counterculture*, 1981.

Víctor Blanco Labra: *El venado azul*, 1991.

Carlos Castaneda: *Las enseñanzas de don Juan*, 1968.
Una realidad aparte, 1970.
Viaje a Ixtlán, 1972.
Relatos de poder, 1974.

Ann Charters: *Kerouac: a biography*, 1973.

Carlos Chimal: *Crines, lecturas de rock*, 1984, 1994.

Bruce Cook: *The beat generation*, 1971, 1994.

Joan Didion: *Slouching towards Bethlehem*, 1968.

Álvaro Estrada: *Vida de María Sabina*, 1977.
Huautla en tiempo de hippies, 1996.

Peter T. Furst: *Alucinógenos y cultura*, 1980.

Parménides García Saldaña: *En la ruta de la onda*, 1971.

Ken Kesey: *The Further inquiry*, 1990.

Jorge García-Robles: *¿Qué transa con las bandas?*, 1985.
La bala perdida, 1994.

Roger Heim: *Les champignons hallucinogenes du Mexique*, 1958.

Abbie Hoffman: *Steal this book*, 1971.
Revolution for the hell of it, 1968.
Fuck the system, 1970.

Ricardo Homs: *Al compás del rock & roll*, 1992.

Aldous Huxley: *Las puertas de la percepción*, 1954.
Cielo e infierno, 1956.
Camino al infierno, 1970.
Los demonios de Loudun, 1972.

Weston La Barre: *The peyote cult*, 1938,1974.

Timothy Leary: *The politics of ecstasy*, 1968.
High priest, 1969.
Jail notes, 1970.

Enrique Marroquín: *La contracultura como protesta*, 1975.

Carlos Monsiváis: *Amor perdido*, 1977.

Mariano Morales: *Locutopía*, 1990.

Claudio Naranjo: *The healing journey*, 1973.

Jorge Pantoja: *Cuando el Chopo despertó, el dinosaurio ya no estaba ahí*, 1996.

Octavio Paz: *El laberinto de la soledad*, 1950.

Charles Perry: *The Haight-Ashbury*, 1984.

Charles Reich: *The greening of America*, 1970.

The Rolling Stone encyclopedia of rock & roll, 1995.

Theodore Roszak: *The making of a counter culture*, 1969.

Jerry Rubin: *Do it*, 1969.

We are everywhere, 1971.

Hernando Ruiz de Alarcón: *Tratado de las supersticiones y costumbres gentílicas de oy viven entre los indios
naturales desta Nueva España*, 1629, 1892.

Richard Evans Schultes y Albert Hofmann: *The botany
and chemistry of hallucinogens*, 1973.

Plantas de los dioses, 1982.

Jay Stevens: *Storming heaven: LSD and the american
dream*, 1978.

Sandy Troy: *Captain Trips*, 1995.

José Manuel Valenzuela: *¡A la brava ése!*, 1988.

R. Gordon Wasson: *El hongo maravilloso*, 1983.

Soma, 1968.

Andrew T. Weil: *The natural mind*, 1972.

Rex Weiner y Deanne Stillman: *Woodstock census*, 1979.

Paul Williams: *Outlaw blues*, 1969.

Tom Wolfe: *The electric kool-aid acid test*, 1968.

Naief Yehya: *Caos y rabia en la cultura de la máquina*,
1993.

Kathy & Diane Zahier: *Test your countercultural literacy*,
1989.

Índice onomástico

M

Macaria 162
Macari, Eblen 331
Macías, Alberto 156, 163
Macías, Elba 175
Madrid, Miguel de la 190
Mailer, Norman 48, 51, 229, 233
Malacara, Antonio 196, 204
Maldita Vecindad 192, 196-197, 201
Manchuria 186, 200
Manjarrez, Héctor 161-162, 316
Manson, Charles 120, 303
Marcelo, el Carnal 40
María, Gerardo 193, 203
Marroquín, Enrique 128, 150, 155, 162, 220, 312
Martín del Campo, David 203
Martínez Rentería, Carlos 195, 204, 249
Martínez Solares, Gilberto 40
Martínez, Héctor 163
Martínez, José Luis 54
Martínez, Juan 54
Martínez, Manolo 147
Masso, Gustavo 179
Mastretta, Ángeles 174
Matlock, Glen 168
Maya, Trini 175
Mayall, John 58
MC-5 169

McClure, Michel 48, 49, 116
McLaren, Malcolm 167
Mechaén, Carlos Magdaleno 31
Medina, Ofelia 162
Mejía Sánchez, Ernesto 55
Mena, Humberto 203
Menudo 191
Merry Pranksters 104-106, 108-110, 114, 293
Merton, Thomas 55
Metzner, Ralph 107-108
Meza Galván, Rafael (el Pupi) 163
Michaux, Henri 85
Miller, Steve 58
Miranda Ayala, Carlos 196
Molina, Armando 163
Molina, Javier 162, 200
Mondragón, Sergio 14, 16, 19, 31, 54-56, 163, 282
Monsalvo, Sergio 194, 196, 204
Monsiváis, Carlos 138, 148-150, 155, 213, 251-253
Montejano, Ricardo 163
Montero, Rafael 159, 163
Moreno Villarreal, Jaime 196
Moreno, Pedro 31
Morrison, Jim 56, 209
Mott the Hoople 169
Mr. Blue Harris 59
Muddy Waters 58
Muñoz, Manolo 71
Musgrove, Frank 213

La contracultura
en imágenes

JOSÉ AGUSTÍN

LA
CONTRACULTURA
EN MÉXICO

La historia y el significado de los
rebeldes sin causa, los jipitecas,
los punks y las bandas

grijalbo

Portada de la primera edición de *La contracultura en México*.

Los pachucos fueron el antecedente silencioso de la contracultura de los años cuarenta.

Los jóvenes mexicanos que vivieron la Segunda Guerra Mundial
en Estados Unidos lograron superar la explotación
y la discriminación manifestando su identidad a través
de la protesta política y la cultura.

El danzón, la rumba y el mambo, pero también el swing
y el boogie fueron los signos de resistencia de un mestizaje
cultural que llega hasta hoy.

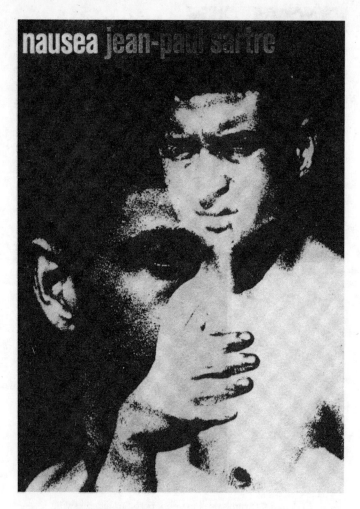

nausea jean-paul sartre

Después de la Segunda Guerra Mundial, el existencialismo,
con su corriente de desencanto y pesimismo, influyó
en el colectivo de jóvenes sensibles e insatisfechos.

Los primos, de Claude Chabrol, y *Sin aliento*, de Jean-Luc Godard, películas de la Nueva Ola francesa.

Más allá del marxismo, José Revueltas fue el autor de una literatura profundamente existencialista.

Jack Kerouac y Neal Cassady, los protagonistas beatniks
de *En el camino*.

William Burroughs forja un toque en París.

En los años cincuenta, Aldous Huxley consumió mescalina y escribió
Las puertas de la percepción y *Cielo e infierno*.

Sergio Mondragón, el gran beatnik mexicano, entre cuyo grupo se
incluía el también poeta Homero Aridjis.

Elvis Presley, censurado y manipulado, logró romper con la repugnante docilidad de los niños decentes del rocanrol e intentó imponer el mercado.

Los primeros rocanroleros mexicanos adoptaron los rocanroles
de Estados Unidos, donde surgieron canciones como "La plaga",
interpretada por los Teen Tops, cuyo vocalista era Enrique Guzmán.

El surgimiento de las pandillas tuvo lugar en las delgadas fronteras que separan la delincuencia y la búsqueda de una identidad juvenil: fueron la expresión patente de lo que se dio en llamar "brecha generacional".

Rebelde sin causa, protagonizada por James Dean, simbolizó la insatifacción y encarnó el arquetipo del héroe contracultural.

El rechazo de los representantes del mercado convirtió a muchos
rockeros mexicanos en copias patéticas de artistas famosos
de Estados Unidos: Julissa fue la Doris Day mexicana
y César Costa el Paul Anka del nopal.

Las razzias han sido la respuesta represiva por excelencia a las
expresiones contraculturales de los grupos juveniles.

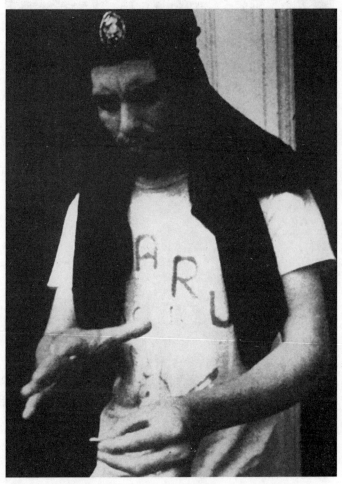

El uso de alucinógenos fue uno de los medios de conocimiento
más frecuentado y significó un fuerte acercamiento a las
culturas indígenas de América.

El poder de los alucinógenos evitó que se utilizaran, a diferencia
de las demás drogas, como vía de escape. De lo que se trataba
era de conocerse a sí mismo.

Para 1967, los jipis eran noticia de ocho columnas.

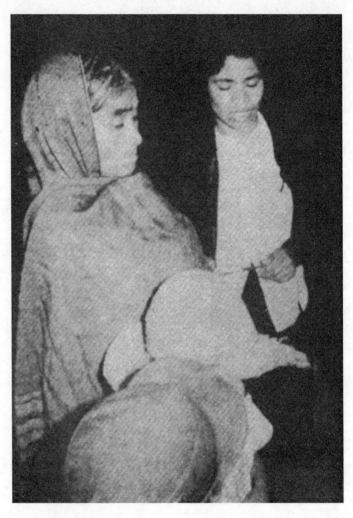

Huautla fue el lugar sagrado de los hongos, el paisaje que por caminos distintos popularizaron Gordon Wasson y María Sabina.

Ken Kesey fue estimulado notablemente por los alucinógenos y escribió la novela en que se basaron para filmar la película *Atrapados sin salida*. El autobús de los Merry Pranksters.

La bandera gringa hizo acto de presencia en parches, calzones,
chamarras y hasta en papeles para forjar los churros.

"Haz el amor y no la guerra" fue el lema que se coreó a fines
de los años sesenta cuando Janis Joplin, Jimi Hendrix
y los Beatles, con su disco *El Club de los Corazones Solitarios
del Sargento Pimienta*, alcanzaron niveles míticos.

En 1967 se multiplicaron las protestas contra la guerra
de Vietnam y miles de jóvenes se negaron a alistarse.

La desconfianza en los adultos se expresó en la consigna de Jerry Rubin: "No confíes en nadie que tenga más de 30 años"; se trataba de crear infinidad de modos de "chingarse al sistema".

Al principio el rocanrol sólo expresó la visión del mundo adolescente, pero pronto se convertía en una bandera de denuncia, de protesta y de una visión contracultural del mundo.

Ser jipi era agarrar la onda, estar en onda, ser un macizo,
en resumidas cuentas, ser un machín.

Por primera vez, grandes sectores de jóvenes se identificaban
y mostraban su admiración por las cosmogonías indígenas.
Así, los jipis se vistieron con camisas, huaraches y pantalones
de manta y aprovecharon sus artesanías.

El festival de artes y música de Woodstock en Nueva York
en 1969 fue el momento de máximo esplendor del movimiento jipi:
medio millón de jóvenes se reunió para corear una música
que los unificara: el rock.

El yipi Abbie Hoffman publicó esta obra con un título loquísimo
(*Róbate este libro*), en la que proporciona infinidad de modos
de "chingarse al sistema".

En 1969 apareció la cara oscura de la sicodelia. Charles Manson
y un grupo de jipis desquiciados asesinaron a Sharon Tate
en medio de un ritual.

"El sueño ha terminado", dijo John Lennon ante la disolución
de Los Beatles: la extinción del jipismo tocaba la puerta.

Algunos decían que el presidente Díaz Ordaz, alias el Mandril,
detestaba a los greñudos, porque su hijo Alfredito
le salió mariguano y seudorocanrolero.

La revolución, la pasión por el cambio fue el motor del movimiento estudiantil de 1968, que fue aplacado sin misericordia por el Estado priísta, que revelaba de nuevo su naturaleza autoritaria.

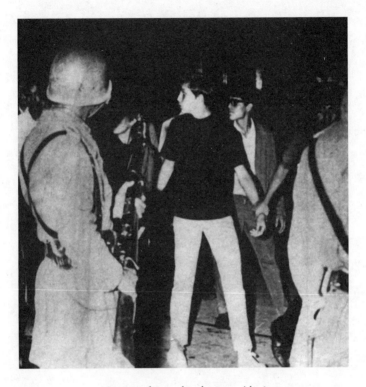

¿Cuántos fueron los desaparecidos?

No había pared sin queja.

México fue el refugio natural de los jipis. Huautla, San Cristóbal
y San Miguel de Allende colmaron su hambre de Dios.
(Arriba: *Excélsior*; abajo, Álvaro Estrada)

Expulsión de jipitecas en Huautla de Jiménez
y plaza principal de ese lugar.

Las publicaciones contraculturales proliferaron y muchos grupos musicales crecieron en los centros urbanos de Guadalajara a Monterrey, de Tijuana a Ciudad Juárez y de Laredo a Matamoros.

Gente de *Piedra Rodante*: Manuel Acevez, editor: Valentín Galas,
Juan Tovar y Enrique Marroquín. (Fotos: arriba, izquierda,
Jim Hougan/*Piedra Rodante*; arriba, derecha, Valentín Galas;
abajo, izquierda, Ricardo Vinós)

Los jipis gringos hicieron buenas migas con los jóvenes mexicanos, lo que impidió que el aparato represivo parara la rebelión sicodélica. (*Excélsior*)

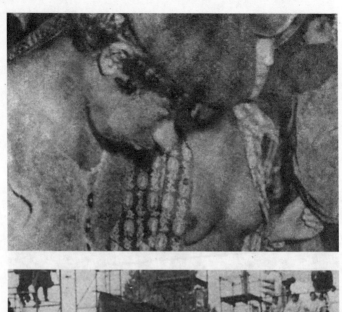

Avándaro fue nuestro Woodstock mexicano.

Agarrar la onda significa sintonizarse con la frecuencia adecuada, llegar al meollo, amar el amor, rechazar la hipocresía y la fresez del sistema. (Escena de *Círculo vicioso*, 1974)

Con *Acto propiciatorio*, 1969, Héctor Manjarrez se sumaba
a la literatura contracultural.

El doctor Salvador Roquet, famoso psiquiatra que tuvo éxito con sus terapias sicodélicas. Aquí con el doctor Hoffman, uno de los descubridores del LSD.

Alejandro Jodorowsky fue uno de los personajes de la contracultura en el teatro de lo años sesenta (Foto: Gabriela Bautista M.)

Protagonistas de los sesenta fueron Federico Arana, escritor; y Los Dos (Salvador Rojo y Allan Trumblay).

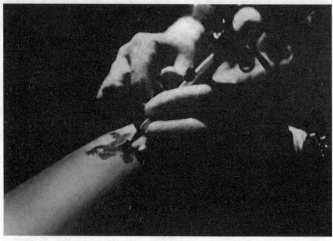

El tianguis del Chopo se inició en octubre de 1980. En las dos cuadras
que abarcaba se podía circular con las fachas más locas
del mundo o hacerse un buen tatuaje.

También protagonistas de los sesenta: el pintor Augusto Ramírez,
el rocanrolero Javier Bátiz y la poeta budista Elsa Cross (Fotos:
izquierda, arriba, Valentín Galas; abajo, Ricardo Vinós)

Con *Gazapo*, Gustavo Sainz fue uno de los iniciadores de un *boom* de literatura juvenil en México. (Foto: Ricardo Vinós)

"No hay futuro… cuando no hay futuro, ¿cómo puede haber pecado?" (Foto: Pedro Valtierra/*Cuartoscuro*)

Los grupos punks representaron el estado de ánimo de los jóvenes
pobres y proletarios; eran mucho más gruesos que los jipis
y de una radicalidad que despreciaba la muerte. (Foto: Fabrizio León)

Los primeros cholos eran chicanos y no es de extrañar que
se identificaran con el culto a la Virgen de Guadalupe.
(Foto: libro *¡A la brava, ése!*)

Las bandas fueron una nueva forma de resistencia contracultural, pero nuevamente fueron intimidadas y reprimidas. (Foto: Fabrizio León)

Los punks mexicanos no agarraron la onda nazi fascistoide;
finalmente se quedaron como personajes del tianguis del Chopo.
(Foto: Fabrizio León)

Armando Ramírez es una de la voces que logró expresar
la vocación artística de los chavos de Tepito.

Conciertos y redadas es el pan de todos los días en los barrios pobres.

El Three Souls in my Mind fue el emblema de aquellos
que empezaron a ser jóvenes en los setenta.

El movimiento rupestre en pleno: Cecilia Toussaint, Jaime López, Rockdrigo González (en cuclillas), Roberto González, Nina Galindo, Eblen Macari, Rafael Catana, Fausto Arrellín y Roberto Ponce.

Algunos de los personajes de la contracultura de fin de milenio
en México: Guillermo Briseño, rocanrolero: Fabrizio León, fotógrafo,
y los espléndidos caricaturistas Ahumada y Jis y Trino, de quienes
se expone una muestra de su trabajo en las dos páginas siguientes.

Los jipis se desnudaban a la menor provocación.

En México, las bandas sucedieron a las pandillas.
Estaban compuestas por jóvenes que vivían en condiciones
de extrema marginación en los cinturones de miseria de
las grandes ciudades. (Foto: libro, *¡A la brava, ése!*)

En México, "nuestro rey Cuauhtémoc" fue nuestro primer rey punk.

Philip K. Dick, autor de culto entre los cienciaficcioneros de la actualidad, pero el conocimiento de su obra continúa expandiéndose.

Desde niño, Parménides García Saldaña se abrió a sus dos grandes
pasiones: el rock y la literatura. (Foto: Ricardo Vinós)

Finalmente, a los noventa llegaron a México grandes rocanroleros
como Dylan, Rollings Stones, Pink Floyd y U2.

El Gallito Inglés, de filiación rocanrolerísima, presentó dibujos
e historietas de nuevos chavos influidos por el punk
y las atmósferas góticas.

OTROS TÍTULOS
DE LA BIBLIOTECA

OTROS TÍTULOS
DE LA BIBLIOTECA

La contracultura en México de José Agustín
se terminó de imprimir en febrero de 2023
en los talleres de
Impresora Tauro, S.A. de C.V.
Av. Año de Juárez 343, col. Granjas San Antonio,
Ciudad de México